Renate Rothbauer

Himmlische Sünden

Einzigartige Rezepte von Welt der Frau und Wiener Zucker

welt der frau

WIENER ZUCKER®

Impressum:

Himmlische Sünden – Einzigartige Rezepte von Welt der Frau und Wiener Zucker
Autorin: Renate Rothbauer

Lektorat: Sandra Prinz
Cover/Fotos: foto & style, Theresa Schrems, A-1060 Wien; Foodstyling: Alexander Knakal, A-3400 Klosterneuburg
Grafik Design: Jesnerdesign, Mag. Lois Jesner, A-4040 Linz
Druck und Bindung: Krammer Repro Flexo Print Gmbh, 4020 Linz
ISBN 978-3-200-01593-7

Vorwort

Fragen Sie sich auch manchmal, was Sie Besonderes aufwarten oder schenken sollen? In einer Zeit, in der jeder alles hat – oder ein ganz individuelles Geschenk erwartet? Glauben Sie mir, Selberbacken ist die Antwort und jetzt wieder „in“!

Backen ist für mich seit jeher ein großes Vergnügen und mein persönliches „Glücksrezept“. Der herrliche Duft, der aus der Küche dringt und die begeisterten Gesichter meiner Familie, Freunde oder Kollegen, die meine Mehlspeiskreationen genießen, bereichern mein Leben.

Eine gute Mehlspeise ist immer eine Sünde wert!

Aus diesem Grund habe ich für dieses Backbuch einzigartige Torten, Gugelhupfe, Schnitten und Kuchen kreiert und die Rezepte aufgeschrieben. Daraus ist ein ideales Backbuch für junge Familien geworden, aber auch für jene, die bereits Erfahrung im Backen haben.

Mit mehr als 60 Rezepten, wertvollen Tipps und brillanten Fotos möchte ich Sie verführen, zu jedem Anlass das Besondere und Richtige zu backen.

Die Zusammenarbeit mit Wiener Zucker ist dabei Garant dafür, dass durch den Einsatz der richtigen Zuckersorten die Rezepte optimal gelingen.

Ich wünsche Ihnen viel Freude mit den „Himmlischen Sünden“, gutes Gelingen und viele gemütliche Stunden beim Genuss von Gugelhupfen, herzhaft duftenden Kuchen, sündhaften Schnitten und verführerischen Torten im Kreis Ihrer Lieben!

Herzlichst

Ihre Renate Rothbauer

Inhalt

HIMMLISCHE GUGELHUPFGENÜSSE

HERZHAFT DUFTENDE KUCHEN

SÜNDHAFT HIMMLISCHE SCHNITTEN

VERFÜHRERISCH KÖSTLICHE TORTEN

Alphabetisches Inhaltsverzeichnis

Wissenswertes rund um's Backen

Tipps zur Zubereitung

Die geeigneten Zutaten...

- Für alle Rezepte in diesem Buch wird Butter verwendet. Stattdessen kann auch qualitätsvolle Margarine genommen werden. Für Mürbteige ist jedoch Butter zu bevorzugen.
- Zum Kuchenbacken geschmackfreies Öl verwenden.
- Universalmehl kann für alle Rezepte eingesetzt werden.

Allerlei nützliche Hinweise der erfahrenen Bäckerin...

- Es ist zu empfehlen, jedem Teig eine Prise Salz beizumengen.
- Torten lassen sich besser teilen, wenn man sie zuerst auf der gewünschten Höhe rundherum mit dem Messer ca. 1cm tief einschneidet, dann ein entsprechend langes Küchengarn in den Einschnitt legt, die Garnenden über Kreuz legt und langsam zuzieht.
- Neue, abwechslungsreiche Kuchenvariationen ergeben sich durch das Füllen mit Cremen aus anderen Rezepten.
- Überschüssigen Teig in passende Förmchen füllen und nachträglich bei verkürzter Backzeit backen.

So kommt der Teig ins Rohr

Backformen...

- Backformen und Backbleche immer vor der Teigzubereitung befetten und bemehlen oder mit Backpapier auslegen.
- Vor allem bei Backformen wie zB. der Gugelhupfform ist es wichtig, dass diese an allen Stellen gut eingefettet sind, sonst klebt der Teig an und das Gebäck löst sich nicht aus der Form.
- Wenn nicht anders angegeben, eignen sich die Teigmassen für folgende Backformen:

Tortenform:	Ø 26 cm
Tarteform:	Ø 28 cm
Gugelhupfform:	Ø 22–24 cm, Höhe: 10 cm
Backblech:	30 x 40 cm
Kastenform:	30 x 10 cm
Kranzform:	Ø 24–26 cm

Backzeit ist nicht gleich Backzeit...

- Backrohr immer vorheizen.
- Die angegebenen Backzeiten und Backtemperaturen sind Richtwerte und beziehen sich auf das Backen mit Heiß- oder Umluft. (siehe)
- Da die Backleistung der handelsüblichen Backrohre unterschiedlich ist, sollten beim Backen gewonnene Erfahrungen neben den Rezepten notiert werden.
- Grundsätzlich gelten folgende Richtwerte für das Backen mit Heiß- bzw. Umluft:

100–140 °C	*für Windmasse, Baiser usw. (Wird eher getrocknet als gebacken!)*
160–180 °C	*für Gugelhupfe, hohe Kuchen, Makronen, Kekse*
170–220 °C	*für Biskuitroulade, Kleingebäck, Brandteig, Strudel, Obstkuchen*

Zubereitungszeiten sind ohne Back-, Abkühl- und Rastzeit angegeben.

Wenn der Teig im Rohr ist

- In Backformen gefüllten Teig ausschließlich auf dem Backrost auf der untersten Schiene des Backrohres backen.

Um ein optimales Backergebnis zu erreichen, muss die Backform in der Mitte des Rostes stehen.

- Blechkuchen und Kleingebäck auf mittlerer Schiene backen.
- Zum Überbacken das Gebäck auf die oberste Schiene schieben.
- Wird das Backwerk an der Oberfläche zu schnell braun, deckt man es mit Alufolie ab.
- Das Backrohr während der ersten Hälfte der Backzeit nicht öffnen. Das Backwerk könnte sonst zusammenfallen oder schief werden.
- Nadelprobe machen: Mit einem Holzstäbchen oder einer dünnen Stricknadel in den Teig stechen. Bleibt kein Teig daran haften, ist das Gebäck fertig.
- Hohes Backwerk wie Kuchen und Torten langsam, bei niedriger Temperatur backen und die Temperatur im Verlauf der Backzeit höher schalten, sonst bildet sich frühzeitig eine Kruste, die aufbricht.
- Bei Torten blättert die Oberschicht ab, wenn zu Beginn der Backzeit die Hitze zu groß war.

Abkürzungs- und Zeichenerklärungen

TL	Teelöffel
EL	Esslöffel
Msp.	Messerspitze
Pkg.	Packung
ml	Milliliter (1 Liter = 1000 ml)
cl	Zentiliter (1 Liter = 100 cl)
dl	Deziliter (1 Liter = 10 dl)
l	Liter
g	Gramm (1 kg = 1000 g)
dag	Dekagramm (1kg = 100 dag)
kg	Kilogramm
✤	Heißluft- oder Umluft

HIMMLISCHE GUGELHUPFGENÜSSE

Ribisel-Haferflocken Gugelhupf

Zubereitung:

30 Minuten
Backzeit:
50 Minuten bei 180 °C

Zutaten für den Teig:

4 Eier
200 g Butter
250 g Wiener Braunzucker
1 Pkg. Vanillezucker
1 TL Zimt
2 TL abgeriebene Schale einer unbehandelten Orange
2 EL Rum
200 g Mehl
50 g Speisestärke
1 Pkg. Backpulver
100 g geriebene Haselnüsse

170 g Ribiselmarmelade
4 EL Haferflocken

Zutaten für die Glasur:

250 g Wiener Staubzucker
1 Eiklar
2 EL Zitronensaft

Eier trennen und die Eiklar zu steifem Schnee schlagen. Zimmerwarme Butter mit Braunzucker, Vanillezucker, Zimt, Orangenschale und Rum schaumig rühren. Nach und nach die Eidotter einrühren.

Mehl mit Speisestärke, Backpulver und Haselnüssen vermischen und mit der Hälfte des Schnees in die Masse rühren. Den restlichen Schnee unterheben.

Die Ribiselmarmelade mit den Haferflocken verrühren. 1/3 des Teiges in eine befettete, bemehlte Gugelhupfform füllen. Mit einem Teelöffel die Hälfte der Ribisel-Haferflocken-Mischung darauf verteilen. Das zweite Drittel des Teiges, sowie den Rest der Ribisel-Haferflocken-Mischung darauf verteilen, mit dem restlichen Teig bedecken und glatt streichen.

Im vorgeheizten Backrohr bei 180 °C ca. 50 Minuten backen. Den Gugelhupf in der Form 15 Minuten abkühlen lassen, auf ein Kuchengitter stürzen und auskühlen lassen.

Aus Staubzucker, Eiklar und Zitronensaft eine glatte, dickflüssige Glasur rühren und auf den Gugelhupf streichen.

Tipp:
Für eine Zitronenglasur ohne Eiklar, Staubzucker mit 4 EL Zitronensaft und 2 EL Wasser glatt rühren.

Ribisel-Haferflocken-Gugelhupf

Beeren Gugelhupf

Zubereitung:

30 Minuten
Backzeit:
60 Minuten bei 180 °C

Zutaten für den Teig:

5 Eier
225 g Butter
200 g Wiener Staubzucker
1 Pkg. Vanillezucker
320 g Mehl
1 Pkg. Backpulver
100 ml Milch
3 EL Rum
70 g Schokoladeflocken
200 g Beeren (Himbeeren, Heidelbeeren, Ribisel, Brombeeren etc.)
oder TK-Beerenmischung

etwas Mehl zum Wälzen der Beeren

Zutaten für die Glasur:

Erdbeermarmelade
Schokoladeglasur (Fertigprodukt)
Haselnusskrokant

Eier trennen und die Eiklar zu steifem Schnee schlagen. Zimmerwarme Butter, Staubzucker und Vanillezucker schaumig rühren. Nach und nach die Eidotter einrühren.

Mehl mit Backpulver mischen und mit Milch und Rum in die Dottermasse rühren. Beeren in Mehl wälzen. Schokoladeflocken, Beeren und Eischnee mit einem Kochlöffel unter den Teig heben.

Die Masse in eine befettete, mit Bröseln ausgestreute Gugelhupfform füllen und bei 180 °C ca. 60 Minuten backen.

In der Form 15 Minuten abkühlen lassen, auf ein Kuchengitter stürzen und mit erhitzter Erdbeermarmelade bestreichen.

Den ausgekühlten Gugelhupf mit Schokoladeglasur überziehen und mit Haselnusskrokant bestreuen.

Tipp:
TK-Beerenmischung immer in gefrorenem Zustand verarbeiten.

Dinkel-Apfel-Gugelhupf

Zubereitung:

30 Minuten
Backzeit:
60 Minuten bei 170 °C

Zutaten für den Teig:

2 große säuerliche Äpfel
1 EL Zitronensaft
5 Eier
100 g Wiener Backzucker
250 g Butter
140 g Wiener Staubzucker
1 Pkg. Vanillezucker
250 g Dinkelvollkornmehl
½ Pkg. Backpulver
1 TL Zimt
120 g geriebene Haselnüsse
100 g geriebene Zartbitter-schokolade

Wiener Zucker
Drüberstreuer Zucker-Zimt
zum Bestreuen

Produkt-Tipp:

Wiener Zucker Drüberstreuer mit Zimtaroma ist besonders streu- und rieselfähig. Ideal zum Bestreuen von Süß-, Milch- und Mehlspeisen. Auch als Zucker-Vanille erhältlich.

Äpfel schälen, fein reiben und mit Zitronensaft beträufeln. Eier trennen und die Eiklar mit Backzucker zu steifem Schnee schlagen. Butter, Staubzucker und Vanillezucker schaumig rühren. Nach und nach die Eidotter einrühren.

Mehl mit Backpulver und Zimt mischen und mit Haselnüssen, Äpfeln und Schokolade einrühren.

Den Teig in eine befettete, bemehlte Gugelhupfform füllen, glatt streichen und im vorgeheizten Backrohr bei 170 °C ca. 60 Minuten backen.

Den fertigen Gugelhupf aus dem Backrohr nehmen, auskühlen lassen, auf ein Kuchengitter stürzen und mit dem Drüberstreuer Zucker-Zimt bestreuen.

Kaffee-Eierlikör-Gugelhupf

Zubereitung:

20 Minuten
Backzeit:
60 Minuten bei 175 °C

Zutaten für den Teig:

5 Eier
200 g Wiener Staubzucker
1 Pkg. Vanillezucker
250 ml Öl
150 ml Mokka
100 ml Eierlikör
150 g Mehl
1 Pkg. Backpulver
100 g Speisestärke
100 g geriebene Haselnüsse

Schokoladeglasur
(Fertigprodukt)

Eier mit Staubzucker und Vanillezucker cremig rühren. Öl, Mokka und Eierlikör nach und nach einrühren. Mehl, Backpulver, Speisestärke und Haselnüsse vermischen und darunter heben.

Den Teig in eine befettete, bemehlte Gugelhupfform füllen und bei 175 °C ca. 60 Minuten backen.

Den Gugelhupf 10 Minuten in der Form abkühlen lassen, auf ein Kuchengitter stürzen und nach dem Erkalten mit Schokoladeglasur überziehen.

Tipp:
Wer wenig Zeit hat, vermischt die trockenen Zutaten mit dem Schneebesen und rührt anschließend die flüssigen Zutaten kräftig ein.

Irish Dream Gugelhupf

Zubereitung:

20 Minuten
Backzeit:
60 Minuten bei 180 °C

Zutaten für den Teig:

5 Eier
220 g Wiener Staubzucker
1 Pkg. Vanillezucker
250 ml Öl
250 ml Irish Cream (Likör)
200 g Mehl
1 Pkg. Vanillepuddingpulver
1 Pkg. Backpulver
80 g geriebene Mandeln

Wiener Streuzucker
zum Bestreuen

Eier, Staubzucker und Vanillezucker 5 Minuten schaumig rühren. Öl und Irish Cream unterrühren.

Mehl mit Vanillepuddingpulver, Backpulver und Mandeln vermischen, nach und nach in die Eimasse rühren.

Den Teig in eine befettete, bemehlte Gugelhupfform füllen und im vorgeheizten Backrohr bei 180 °C ca. 60 Minuten backen.

Den Gugelhupf 10 Minuten in der Form abkühlen lassen, auf ein Kuchengitter stürzen, auskühlen lassen und mit Streuzucker bestreuen.

Variante:
Den erkalteten Gugelhupf mit Mokkaglasur überziehen und nach Belieben mit Mokkabohnen belegen.
Für die Mokkaglasur 250 g Wiener Staubzucker, 2 TL Instantkaffee, 25 g zimmerwarme Butter und 2 EL warmes Wasser in einer Schüssel im heißen Wasserbad so lange rühren, bis die Glasur glatt und glänzend ist.

Cappuccino Gugelhupf

Zubereitung:

20 Minuten
Backzeit:
60 Minuten bei 175 °C

Zutaten für den Teig:

250 g Butter
250 g Wiener Staubzucker
1 Pkg. Vanillezucker
5 Eier
350 g Mehl
1 Pkg. Backpulver
80 g geriebene Mandeln
2 EL Kakaopulver
4 EL Instantcappuccino

Zum Bestreuen:
Wiener Staubzucker
Instantcappuccino

Zimmerwarme Butter, Staubzucker, Vanillezucker und Eier schaumig rühren. Mehl mit Backpulver, Mandeln und Kakaopulver vermischen. Cappuccinopulver in 100 ml heißem Wasser auflösen, abwechselnd mit dem Mehlgemisch dazugeben und schaumig rühren.

Die Masse in eine befettete, bemehlte Gugelhupfform füllen und bei 175 °C ca. 60 Minuten backen.

Den Gugelhupf 15 Minuten in der Form abkühlen lassen, dann auf ein Kuchengitter stürzen.

Staubzucker mit etwas Cappuccinopulver vermischen und den Gugelhupf damit bestreuen.

Amadeus Gugelhupf

Zubereitung:

30 Minuten
Backzeit:
70 Minuten bei 160 °C

Zutaten für den Teig:

70 g Rosinen
2 cl Rum
7 Eier
100 g Wiener Backzucker
160 g Butter
80 g Wiener Staubzucker
1 Pkg. Vanillezucker
1 TL abgeriebene Schale einer unbehandelten Zitrone
1 Prise Salz
200 g Mehl
1 gestr. TL Backpulver
100 g klein geschnittene Kochschokolade
25 g gehackte Pistazien

Zutaten zum Verzieren:

Schokoladeglasur (Fertigprodukt)
gehackte Pistazien

Rosinen mit Rum beträufeln. Eier trennen und die Eiklar mit Backzucker zu steifem Schnee schlagen. Zimmerwarme Butter, Staubzucker, Vanillezucker, Zitronenschale und Salz schaumig rühren und nach und nach die Eidotter einrühren.

Mehl mit Backpulver versieben und mit Kochschokolade, Rosinen, Pistazien und Eischnee unterheben.

Die Teigmasse in eine befettete, bemehlte Gugelhupfform füllen, glatt streichen und im vorgeheizten Backrohr bei 160 °C ca. 70 Minuten backen.

Den Gugelhupf in der Form abkühlen lassen, auf ein Kuchengitter stürzen und mit einem Küchentuch bedeckt vollständig auskühlen lassen.

Schokoladeglasur nach Packungsanleitung zubereiten, den Gugelhupf damit verzieren und mit Pistazien bestreuen.

Marzipan-Schokolade Gugelhupf

Zubereitung:

35 Minuten
Backzeit:
60 Minuten bei 160 °C

Zutaten für den Teig:

5 Eier
150 g Wiener Backzucker
250 g Butter
200 g fein geschnittene Marzipanrohmasse
50 g Wiener Staubzucker
1 Pkg. Vanillezucker
1 Prise Salz
1 TL abgeriebene Schale einer unbehandelten Zitrone
5 EL Orangenlikör
200 g Mehl
1 TL Backpulver
250 g klein geschnittene Kochschokolade

Wiener Streuzucker zum Bestreuen

Eier trennen und die Eiklar mit Backzucker zu cremigem Schnee schlagen.

Zimmerwarme Butter, Marzipanrohmasse, Staubzucker, Vanillezucker, Salz und Zitronenschale cremig rühren. Nach und nach die Eidotter und zuletzt den Orangenlikör dazugeben und schaumig rühren.

Mehl mit Backpulver mischen und mit der Hälfte des Schnees in die Teigmasse einrühren.

Die klein geschnittene Kochschokolade mit dem restlichen Schnee unterheben.

Den Teig in eine befettete Gugelhupfform füllen und im vorgeheizten Backrohr auf der unteren Schiene bei 160 °C ca. 60 Minuten backen.

Den Gugelhupf mit Streuzucker bestreuen.

Produkt-Tipp:
Wiener Streuzucker ist ein besonders feiner und rieselfähiger Zucker, der direkt auf warme Mehlspeisen gestreut werden kann, nicht zergeht und nicht klumpt.

Mohn-Fruchtcocktail Gugelhupf

Zubereitung:

25 Minuten
Backzeit:
50 Minuten bei 175 °C

Zutaten für den Teig:

250 g Fruchtcocktail
3 Eier
2 EL Wiener Backzucker
150 g Butter
150 g Wiener Braunzucker
1 Pkg. Vanillezucker
1 TL abgeriebene Schale einer unbehandelten Zitrone
1/8 l Schlagobers
100 g Mehl
2 TL Backpulver
100 g geriebener Mohn
100 g geriebene Haselnüsse

Wiener Streuzucker zum Bestreuen

Fruchtcocktail abseihen und die Früchtstücke kleiner schneiden. Eier trennen. Die Eiklar mit Backzucker zu steifem Schnee schlagen. Zimmerwarme Butter mit Braunzucker, Vanillezucker und Zitronenschale schaumig rühren. Nach und nach die Eidotter und Schlagobers einrühren.

Mehl und Backpulver vermischen und mit Mohn, Haselnüssen und Schnee unter die Masse heben. Fruchtstückchen vorsichtig unterheben.

Den Teig in eine befettete, bemehlte Gugelhupfform füllen und bei 175 °C ca. 50 Minuten backen.

Den Gugelhupf bei geöffnetem Backrohr 20 Minuten abkühlen lassen und auf ein Kuchengitter stürzen.

Mit Streuzucker bestreuen.

Variante:
Anstelle des Fruchtcocktails können 250 g Birnen oder Zwetschken verwendet werden.

Margarita Gugelhupf

Zubereitung:

35 Minuten
Backzeit:
60 Minuten bei 170 °C ⁂

Zutaten für den Teig:

6 Eier
1 Prise Salz
280 g Butter
100 g geriebene Marzipan-rohmasse
140 g Wiener Backzucker
1 Pkg. Vanillezucker
1 TL abgeriebene Schale einer unbehandelten Zitrone
120 g Mehl
80 g Speisestärke
1 TL Backpulver
Marillenmarmelade

Zutaten für die Glasur:

200 g Wiener Staubzucker
1 EL Zitronensaft
1 EL Wasser
2 EL Orangenlikör

Eier trennen und die Eiklar mit Salz zu festem Schnee schlagen. Zimmerwarme Butter, Marzipanrohmasse, Backzucker, Vanillezucker und Zitronenschale schaumig rühren. Die Eidotter nach und nach einrühren. Mehl, Speisestärke und Backpulver vermischen und mit dem Schnee unter die Masse heben.

Den Teig in eine befettete, bemehlte Gugelhupfform füllen und im vorgeheizten Backrohr bei 170 °C ca. 60 Minuten backen. Nadelprobe machen!

Den abgekühlten Gugelhupf mit erwärmter Marillenmarmelade bestreichen und ½ Stunde trocknen lassen.

Für die Glasur Staubzucker mit Zitronensaft, Wasser und Orangenlikör verrühren und den Gugelhupf damit glasieren.

Tipp:
Die Marzipanrohmasse lässt sich leichter reiben, wenn man sie vorher kurz ins Tiefkühlfach legt.

Variante:
Den Gugelhupf mit Schokoladeglasur überziehen und mit Mandelblättchen bestreuen.

Chili-Nougat-Gugelhupf

Zubereitung:

20 Minuten
Backzeit:
60 Minuten bei 160 °C

Zutaten für den Teig:

3 Eier
¼ l Schlagobers
220 g Wiener Backzucker
1 Pkg. Vanillezucker
250 g Mehl
2 TL Backpulver
3 EL Milch
60 g geriebene Haselnüsse
1 Msp. gemahlener, schwarzer Pfeffer
180 g Haselnuss-Nougat-Creme (Fertigprodukt)
80 g Edelbitterschokolade mit Chili

Wiener Streuzucker zum Bestreuen

Tipp:
Wenn Kinder mitessen, Zartbitterschokolade ohne Chili verwenden und auf Pfeffer verzichten.

Eier trennen. Die Eiklar zu steifem Schnee schlagen. Schlagobers halbsteif schlagen und mit Backzucker und Vanillezucker zu fester Konsistenz weiter schlagen. Eidotter nach und nach unterrühren.

Das Mehl mit Backpulver vermengen mit der Milch vorsichtig in die Obersmasse einrühren.

Eischnee mit dem Kochlöffel unter die Teigmasse heben. Ein Drittel der Teigmasse mit den Haselnüssen und Pfeffer vermengen. In die restliche Masse die Haselnuss-Nougat-Creme und die klein geschnittene Chili-Schokolade unterheben.

Zuerst 4 EL Haselnussmasse in die befettete und bemehlte Gugelhupfform füllen, dann die Chili-Nougat-Masse und anschließend den Rest der Haselnussmasse. Den Kochlöffel so durch die Masse ziehen, dass ein schönes Muster entsteht und den Teig glatt streichen.

Im vorgeheizten Backrohr bei 160 °C ca. 60 Minuten backen.

Gugelhupf 15 Minuten auskühlen lassen, auf ein Kuchengitter stürzen und mit Streuzucker bestreuen.

Kürbiskern Gugelhupf

Zubereitung:

30 Minuten
Backzeit:
60 Minuten bei 160 °C

Zutaten für den Teig:

6 Eier
180 g Wiener Backzucker
240 g Butter
60 g Wiener Vollzucker
1 Pkg. Vanillezucker
1 Prise Salz
1 TL abgeriebene Schale einer unbehandelten Zitrone
120 ml Kürbiskernöl
280 g Mehl
½ Pkg. Backpulver
120 g geriebene Kürbiskerne

Wiener Streuzucker
zum Bestreuen

Eier trennen, die Eiklar mit Backzucker zu festem Schnee schlagen. Zimmerwarme Butter, Vollzucker, Vanillezucker, Salz und Zitronenschale schaumig rühren. Eidotter nach und nach einrühren und das Kürbiskernöl dazurühren.

Mehl, Backpulver und Kürbiskerne vermischen und mit dem Schnee unter die Masse heben.

Den Teig in eine befettete und mit geriebenen Kürbiskernen bestreute Gugelhupfform füllen.

Im vorgeheizten Backrohr bei 160 °C ca. 60 Minuten backen.

10 Minuten in der Form abkühlen lassen. Auf ein Kuchengitter stürzen und mit Streuzucker bestreuen.

Produkt-Tipp:

Wiener Vollzucker: Durch vorsichtige Pressung und schonende Trocknung des Zuckerrübensaftes bleiben die natürlichen Vitamine und Spurenelemente weitgehend erhalten. Für all jene, die mit dem natürlichen Vollzuckeraroma verfeinern wollen!

Schokolade-Nuss Gugelhupf

Zubereitung:

25 Minuten
Backzeit:
60 Minuten bei 170 °C

Zutaten für den Teig:

5 Eier
175 g Butter
175 g Wiener Staubzucker
1 Pkg. Vanillezucker
100 g Kochschokolade
125 g Mehl
½ Pkg. Backpulver
100 g geriebene Haselnüsse
3–4 EL Milch

Wiener Streuzucker
zum Bestreuen

Eier trennen und die Eiklar zu steifem Schnee schlagen. Butter, Staubzucker und Vanillezucker schaumig rühren. Eidotter und zerlassene, abgekühlte Schokolade nach und nach einrühren.

Mehl mit Backpulver und Haselnüssen mischen, mit Milch und Eischnee unter die Masse heben.

Den Teig in eine befettete, bemehlte Gugelhupfform füllen. Im vorgeheizten Backrohr bei 170 °C ca. 60 Minuten backen.

Den Gugelhupf in der Form 15 Minuten abkühlen lassen, auf ein Kuchengitter stürzen und mit Streuzucker bestreuen.

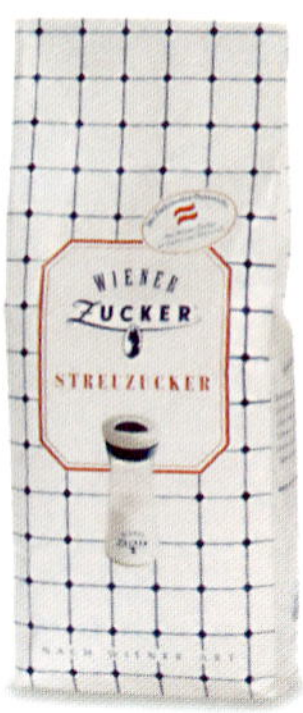

Produkt-Tipp:
Passend zum Wiener Streuzucker im Glas, gibt es den umweltbewussten Wiener Streuzucker Nachfüllbeutel.

Maroni Gugelhupf

Zubereitung:

30 Minuten
Backzeit:
50 Minuten bei 175 °C

Zutaten für den Teig:

7 Eier
150 g Wiener Backzucker
1 Pkg. Vanillezucker
80 g geriebene Haselnüsse
40 g Mehl
100 g Kastanienreis (TK-Ware)
40 g Butter

Wiener Streuzucker zum Bestreuen

Eier trennen und die Eiklar mit der halben Menge Backzucker steif schlagen. Eidotter mit dem restlichen Backzucker und Vanillezucker schaumig rühren. Ein Drittel des Eischnees unter die Dottermasse mengen.

Haselnüsse, Mehl und Kastanienreis vermengen und mit dem restlichen Schnee unterheben. Zuletzt die zerlassene und abgekühlte Butter dazugeben.

Die Masse in eine befettete, bemehlte Gugelhupfform füllen und im vorgeheizten Backrohr bei 175 °C ca. 50 Minuten backen.

Den Gugelhupf 15 Minuten überkühlen lassen, auf ein Kuchengitter stürzen und mit Streuzucker bestreuen.

Produkt-Tipp:

Wiener Backzucker ist durch seine Körnung speziell für alle Arten feiner Mehlspeisspezialitäten zu verwenden. Er ist besonders leicht vermischbar und leicht löslich.

Tipp:

Werden frische Maroni verwendet, diese an der gewölbten Seite kreuzweise einschneiden und bei 180 °C ca. 12 Minuten ins vorgeheizte Backrohr geben oder ca. 20 Minuten im Wasser kochen. Maroni heiß schälen und sofort pürieren.

Konfekt Gugelhupf mit Früchten

Zubereitung:

30 Minuten
30 Minuten zum Fertigstellen
Backzeit:
70 Minuten bei 175 °C

Zutaten für den Teig:

5 Eier
250 g Wiener Staubzucker
250 g Butter
1 Pkg. Vanillezucker
300 g Mehl
1 Pkg. Backpulver
1 TL Zimt
150 g geriebene Haselnüsse
¼ l Rotwein
250 g gehackte Kochschokolade
Marillenmarmelade

Zutaten zum Verzieren:

500 g weiße Schokolade-glasur (Fertigprodukt)
¼ l Schlagobers
1 Pkg. Sahnesteif
Konfekt nach Belieben
Früchte der Saison

Kartonstreifen (45 x 4,5 cm)
Streifen weißes Krepppapier (155 x 4 cm)

Eier trennen, die Eiklar mit 4 EL Staubzucker zu steifem Schnee schlagen. Zimmerwarme Butter, restlichen Staubzucker, Vanillezucker und Eidotter schaumig rühren. Mehl, Backpulver und Zimt vermischen und abwechselnd mit geriebenen Haselnüssen und Rotwein einrühren. Die Schokolade mit dem Eischnee unterheben.

Die Masse in eine befettete, bemehlte Gugelhupfform füllen und bei 175 °C ca. 70 Minuten backen. 15 Minuten in der Form abkühlen lassen.

Den Gugelhupf stürzen, erkalten lassen, mit erhitzter Marillenmarmelade dünn bestreichen und trocknen lassen.

Gugelhupf, falls nötig, auf der Unterseite gerade schneiden, damit „das Körbchen“ gut steht und mit Schokoladeglasur überziehen.

Nachdem die Glasur erstarrt ist, Schlagobers mit Sahnesteif schlagen, in einen Dressiersack mit gezackter Spritztülle füllen, die Oberfläche des Gugelhupfs damit verzieren und mit Konfekt und Früchten belegen.

Für den Henkel einen Kartonstreifen zuschneiden. Ein weißes Krepppapierband der Länge nach so ziehen, dass Wellen entstehen und den Kartonstreifen damit umwickeln. Den Henkel ca. 1,5 cm vom Rand in den Gugelhupf stecken.

Konfekt Gugelhupf mit Früchten

Flocken Gugelhupf

Zubereitung:

20 Minuten
Backzeit:
60 Minuten bei 180 °C

Zutaten für den Teig:

5 Eier
200 g Butter
200 g Wiener Zucker
Brauner Rohrzucker kristallin
1 Pkg. Vanillezucker
200 g Mehl
1 Pkg. Backpulver
½ TL Zimt
1 TL abgeriebene Schale
einer unbehandelten Zitrone
1 Prise Salz
2 EL Rum
125 g Haferflocken

Wiener Streuzucker
zum Bestreuen

Eier trennen, die Eiklar zu steifem Schnee schlagen. Zimmerwarme Butter mit Rohrzucker und Vanillezucker schaumig rühren. Die Eidotter einrühren. Mehl mit Backpulver, Zimt, Zitronenschale und Salz vermischen und mit dem Rum in die Masse rühren. Den Eischnee mit den Haferflocken unter die Masse heben.

Den Teig in eine befettete, bemehlte Gugelhupfform füllen und im vorgeheizten Backrohr bei 180 °C ca. 60 Minuten backen.

Den Gugelhupf in der Form 15 Minuten abkühlen lassen, auf ein Kuchengitter stürzen und mit Streuzucker bestreuen.

Tipp:
Den ausgekühlten Gugelhupf mit erhitzter Marillenmarmelade bestreichen und nach dem Antrocknen mit Schokoladeglasur überziehen.

Produkt-Tipp:
Wiener Zucker Brauner Rohrzucker kristallin, ausgezeichnet mit dem Fairtrade-Gütesiegel, ist ein reines Naturprodukt und wird aus frisch geerntetem Zuckerrohr gewonnen. Typisch ist seine goldbraune Farbe und sein karamellartiger Geschmack. Durch seine besondere Beschaffenheit eignet er sich hervorragend zum Backen.

HERZHAFT DUFTENDE KUCHEN

Sizilianische Zitronentarte

Zubereitung:

60 Minuten
Backzeit:
40 Minuten bei 160 °C
(vorheizen 180 °C)

Zutaten für den Teig:

200 g Mehl
4 EL Wiener Staubzucker
1 Pkg. Vanillezucker
1 Prise Salz
100 g Butter
1 Eidotter

Zutaten für den Belag:

4 große Bio Zitronen
2 Eier
150 g Wiener Backzucker
500 g Ricotta (Frischkäse)
20 g Vanillepuddingpulver
100 g Wiener Zucker
Bio Rübenzucker

Mehl mit Staubzucker, Vanillezucker und Salz mischen und mit der in Stücke geschnittenen, kalten Butter und dem Eidotter zu einem Mürbteig verkneten. Sollte der Teig zu trocken sein, tropfenweise kaltes Wasser einarbeiten.

Den Teig 15 Minuten rasten lassen und dann ausrollen.

Eine befettete Tarteform mit dem Mürbteig auskleiden. Den Teigrand hochziehen, oben gerade schneiden und den Teigboden mehrmals einstechen. Für 30 Minuten ins Tiefkühlfach stellen.

Für den Belag die Zitronen waschen und trockentupfen. Von zwei Zitronen die Schale fein abreiben und eine Zitrone auspressen.

Eier mit Backzucker schaumig schlagen, Ricotta, Vanillepuddingpulver, Zitronenschale und Zitronensaft nach und nach einrühren.

Die Masse auf dem Teigboden verteilen und im vorgeheizten Backrohr auf mittlerer Schiene bei 160 °C ca. 40 Minuten backen. Aus dem Rohr nehmen und abkühlen lassen.

Zwei Zitronen halbieren und in möglichst dünne Scheiben schneiden.
Bio Rübenzucker mit 1/8 l Wasser aufkochen, Zitronenscheiben hineingeben, 5 Minuten leicht köcheln und anschließend abkühlen lassen.

Vor dem Servieren die abgetropften Zitronenscheiben auf dem Kuchen verteilen und den Sirup, in dem die Zitronen zuvor gekocht wurden, darüberträufeln.

Schokolade Rehrücken

Zubereitung:

35 Minuten
Backzeit:
45 Minuten bei 160 °C

Zutaten für den Teig:

6 Eier
80 g Wiener Backzucker
140 g Butter
80 g Wiener Staubzucker
1 Pkg. Vanillezucker
160 g Kochschokolade
120 g Mehl
½ TL Backpulver

Zutaten für die Glasur:

Marillenmarmelade
200 g Wiener Feinkristallzucker
250 g Kochschokolade
20 g Butter

Mandelblättchen

Eier trennen und die Eiklar mit Backzucker zu steifem Schnee schlagen. Zimmerwarme Butter mit Staubzucker und Vanillezucker schaumig rühren. Eidotter nach und nach einrühren.
Die erweichte Kochschokolade langsam daruntermischen. Mehl mit Backpulver vermengen und mit dem Schnee unter die Masse heben.

Den Teig in eine befettete, bemehlte Rehrückenform füllen und im vorgeheizten Backrohr auf unterster Schiene bei 160 °C ca. 45 Minuten backen.

Den ausgekühlten Rehrücken horizontal durchschneiden, mit Marillenmarmelade bestreichen und wieder zusammensetzen. Die Oberfläche mit erhitzter Marmelade bestreichen.

Für die Glasur ¼ l Wasser mit Feinkristallzucker ca. 10 Minuten zum so genannten „Schwachen Faden" kochen, zuerst die zerkleinerte Schokolade und dann die Butter einrühren. So lange kochen, bis man mit der Glasur zwischen zwei Fingern einen langen dünnen Faden ziehen kann.

Den Rehrücken mit lippenwarmer Schokoladeglasur überziehen und mit Mandelblättchen bestreuen.

Pfefferminzkuchen

Zubereitung:

40 Minuten
Backzeit:
50 Minuten bei 160 °C

Zutaten für den Teig:

3 Eier
150 g Wiener Staubzucker
1 Prise Salz
1 Pkg. Vanillezucker
2–3 TL abgeriebene Schale einer unbehandelten Orange
150 ml Öl
120 g weiße Schokolade
250 g Mehl
1 Pkg. Backpulver
150 ml Orangensaft

Zutaten für die Füllung:

Himbeermarmelade
1 Pkg. Bitterschokolade-Täfelchen mit Pfefferminz-Geschmack

100 g Milchschokoladeglasur (Fertigprodukt)

Eier, Staubzucker, Salz, Vanillezucker und Orangenschale mindestens 5 Minuten schaumig rühren.

Das Öl langsam, unter ständigem Rühren, einrühren. Geriebene Schokolade mit Mehl und Backpulver vermischen und abwechselnd mit dem Orangensaft unterheben.

Die Masse in eine befettete, bemehlte Kastenform füllen und im vorgeheizten Backrohr auf der untersten Schiene bei 160 °C ca. 50 Minuten backen. Nadelprobe machen!

In der Form 5 Minuten auskühlen lassen, auf ein Kuchengitter stürzen.

Den ausgekühlten Kuchen zwei Mal durchschneiden, mit Himbeermarmelade bestreichen, mit Pfefferminz-Schokolade-Täfelchen belegen und wieder zusammensetzen.

Die Oberfläche dünn mit erhitzter Himbeermarmelade bestreichen und mit Milchschokoladeglasur glasieren. Vor dem Servieren kühl stellen.

Rhabarberkuchen

Zubereitung:

30 Minuten
Backzeit:
50 Minuten bei 180 °C

Zutaten für den Teig:

500 g Rhabarber
3 Eier
100 g Butter
200 g Wiener Braunzucker
1 Pkg. Vanillezucker
1 Prise Salz
1 TL abgeriebene Schale einer unbehandelten Zitrone
200 g Mehl
½ Pkg. Backpulver

Zutaten zum Verzieren:

Marillenmarmelade
200 g Wiener Staubzucker
1cl Zitronensaft
gehackte Pistazien

Rhabarber schälen und in kleine Stücke schneiden. Eier trennen und die Eiklar zu steifem Schnee schlagen. Zimmerwarme Butter mit Braunzucker und Vanillezucker schaumig rühren. Nach und nach Eidotter, Salz und Zitronenschale darunter mischen.

Mehl mit Backpulver mischen und ebenfalls einrühren. Eischnee unterheben. Zum Schluss die Rhabarberstücke untermengen.

Die Masse in eine befettete, bemehlte Kastenform füllen und im vorgeheizten Backrohr bei 180 °C ca. 50 Minuten backen.

Den Kuchen stürzen, mit Marillenmarmelade bestreichen und abkühlen lassen. Für die Zuckerglasur Staubzucker mit 1 EL Wasser und Zitronensaft zu einer glatten und streichfähigen Masse verrühren und auf das Gebäck streichen. Mit gehackten Pistazien bestreuen.

Produkt-Tipp:

Wiener Braunzucker ist karamellisierter Kristallzucker, veredelt mit Rohrzuckersirup.
Er hebt die Würzkraft aller verwendeten Zutaten und kann daher immer dann verwendet werden, wenn eine spezielle Geschmacksnote gewünscht ist.

Apfelschlankerl Dreierlei

Zubereitung:

60 Minuten, Backzeit: 45 Minuten bei 180 °C

Apfelschlankerl aus Mürbteig

Zutaten für den Teig:

400 g Mehl
½ Pkg. Backpulver
200 g Butter
2 EL Wiener Staubzucker
1 Pkg. Vanillezucker
2 Eidotter
2 EL Rahm
2 EL Wein oder Essig

Alle Zutaten rasch zu einem glatten Teig verkneten und in Frischhaltefolie gewickelt ca. 30 Minuten im Kühlschrank rasten lassen.

Apfelschlankerl aus Topfen-Dinkel-Teig

Zutaten für den Teig:

200 g Butter
200 g Dinkelvollkornmehl
200 g Topfen (20 % F.i.T.)
1 Ei
1 Prise Salz

Die in Stücke geschnittene, kalte Butter mit Mehl abbröseln. Mit Topfen, Ei und Salz zu einem glatten Teig verarbeiten. In Frischhaltefolie gewickelt ca. 60 Minuten im Kühlschrank rasten lassen.

Apfelschlankerl aus kaltem Germteig

Zutaten für den Teig:

30 g Germ
1/16 l Milch
300 g Mehl
100 g Butter
60 g Wiener Staubzucker
1 TL abgeriebene Schale einer unbehandelten Zitrone
1 Prise Salz
1 Eidotter

Germ in Milch auflösen, Mehl mit kalter Butter verbröseln und mit allen anderen Zutaten zu einem geschmeidigen Teig verkneten. Den Teig in Frischhaltefolie gewickelt ca. 30 Minuten im Kühlschrank rasten lassen.

Füllung für alle 3 Teigvarianten

Zutaten für die Füllung:

ca. 1½ kg Äpfel
Nach Geschmack: Rosinen, gemahlener Zimt, Wiener Feinkristallzucker

1 Ei zum Bestreichen

Wiener Streuzucker zum Bestreuen

Äpfel schälen, Kerngehäuse entfernen, vierteln und in dünne Spalten schneiden.

Alle Teige in 3 Teile teilen, jeden rechteckig ausrollen. Von jeder Teigplatte einen Streifen mit ca. 1,5 cm Breite längsseitig abschneiden. Den Rand der Teigplatten mit versprudeltem Ei bestreichen. Die vorbereiteten Äpfel in die Mitte geben und mit Rosinen, Zimt und Feinkristallzucker bestreuen. Die Teigränder übereinander auf die Fülle legen und die Enden festdrücken.

Die Schlankerl mit versprudeltem Ei bestreichen, die beiseite gelegten Teigstreifen in Zickzack-Form darauflegen und ebenfalls mit versprudeltem Ei bestreichen.

Auf ein mit Backpapier ausgelegtes Backblech legen, mehrmals einstechen und bei 180 °C ca. 45 Minuten backen.

Mit Streuzucker bestreuen.

Marillentarte mit Rahmguss

Zubereitung:

50 Minuten
Backzeit:
Vorbacken:
20 Minuten bei 160 °C
Fertigbacken:
20 Minuten bei 170 °C

Zutaten für den Teig:

250 g Mehl
150 g Butter
120 g Wiener Staubzucker
1 Ei
1 TL Backpulver

Zutaten für den Belag:

Marillenmarmelade
800 g Marillen frisch oder aus der Dose

Zutaten für den Guss:

½ l Sauerrahm
2 Eier
1 Pkg. Vanillepuddingpulver
2 EL Wiener Staubzucker
2 Pkg. Vanillezucker
3 EL Zitronensaft

Aus den angegebenen Zutaten einen glatten Mürbteig kneten und 30 Minuten kühl gestellt rasten lassen, ausrollen und in eine befettete Tarteform legen.

Den Teigrand hochziehen, oben gerade schneiden und „blind backen". Dazu den Teig mit Alufolie bedecken und im vorgeheizten Backrohr bei 160 °C ca. 20 Minuten vorbacken.

Nach dem Backen Alufolie entfernen und den Teigboden dünn mit Marillenmarmelade bestreichen.

Für den Guss alle Zutaten verrühren, auf dem Tarteboden verteilen und mit geviertelten Marillen eng belegen. Im vorgeheizten Backrohr bei 170 °C ca. 20 Minuten goldgelb fertig backen.

Tipps:

- *Den Guss nach zwei Dritteln der Backzeit mit gehackten Mandeln bestreuen.*
- *Statt einer Tarteform können auch vier kleine Tartelettformen (Ø=9 cm) verwendet werden.*

Marillentarte mit Rahmguss

Topfenkranz mit Nussfülle

Zubereitung:

40 Minuten
Backzeit:
50 Minuten bei 175 °C

Zutaten für den Teig:

200 g Topfen (20% F.i.T.)
3 EL Rum
2 Eier
1 Eidotter
1/8 l Öl
100 g Wiener Staubzucker
1 Prise Salz
1 TL abgeriebene Schale einer unbehandelten Zitrone
400 g Mehl
1 Pkg. Backpulver

Zutaten für die Füllung:

70 g Kochschokolade
200 g geriebene Haselnüsse
80 g Wiener Zucker Brauner Rohrzucker kristallin
1 Pkg. Vanillezucker
1 Msp. gemahlener Zimt
3 EL Rum
5 EL Milch

Wiener Streuzucker zum Bestreuen

Den Topfen nach und nach mit Rum, Eiern, Eidotter, Öl, Staubzucker, Salz und Zitronenschale verrühren. Mehl mit Backpulver mischen und die Hälfte löffelweise in die Topfenmasse rühren. Das restliche Mehl einkneten.

Für die Füllung Kochschokolade reiben und mit den anderen Zutaten zu einer streichfähigen Masse verrühren. Bei Bedarf noch etwas Rum oder Milch dazugeben.

Den Teig zu einem Rechteck ausrollen. Nussfüllung darauf streichen und einrollen. In eine befettete, mit Bröseln ausgestreute Kranzform legen, mehrmals mit einer Nadel einstechen und bei 175 °C ca. 50 Minuten backen.

In der Form abkühlen lassen, auf ein Kuchengitter stürzen und mit Streuzucker bestreuen.

Variante:
Den Topfenkranz mit Zitronenglasur bestreichen und mit kandierten Kirschen und Pistazien verzieren.

Topfenkranz mit Nussfülle

Ribisel-Rahm-Kuchen

Zubereitung:

40 Minuten
Backzeit:
2 x 25 Minuten bei 180 °C

Zutaten für den Teig:

130 g Butter
80 g Wiener Staubzucker
1 Pkg. Vanillezucker
1 Ei
1 Prise Salz
130 g Mehl
1 TL Backpulver
100 g geriebene Mandeln

Zutaten für den Belag:

Ribiselmarmelade
600 g Rote Ribisel

Zutaten für den Guss:

3 Eier
80 g Wiener Staubzucker
½ TL gemahlener Zimt
¼ l Sauerrahm

Zimmerwarme Butter mit Staubzucker und Vanillezucker schaumig rühren. Ei und Salz einrühren. Mehl mit Backpulver und Mandeln vermischen und ebenfalls einrühren.

Den Teig in eine befettete oder mit Backpapier ausgelegte Springform füllen, glatt streichen und im vorgeheizten Backrohr bei 180 °C ca. 25 Minuten vorbacken.

Aus dem Rohr nehmen, mit erwärmter Ribiselmarmelade bestreichen und mit den abgerebelten Ribiseln bestreuen.

Für den Guss Eier trennen und die Eiklar zu steifem Schnee schlagen. Die Eidotter mit Staubzucker schaumig rühren, Zimt und Rahm unterrühren und den Eischnee unterheben. Den Guss auf den Ribiseln verteilen, glatt streichen und bei 180 °C ca. 25 Minuten fertig backen.

Tipps:

- *Sollte die Ribiselmarmelade zu fest sein, mit etwas Likör verrühren.*
- *Wird der Guss während des Backens zu dunkel, deckt man ihn mit Alufolie ab.*

Produkt-Tipp:

*Wiener Staubzucker ist fein gemahlener Kristallzucker ohne spürbare Kristallteilchen.
Er eignet sich besonders für feine Mehlspeisen, Glasuren und Schlagobers.*

Quittentarte

Zubereitung:

45 Minuten
Backzeit:
25 Minuten bei 190 °C

Zutaten für die Form:

100 g geriebene Mandeln
50 g flüssiger Honig
100 g Wiener Zucker
Brauner Rohrzucker kristallin
1 TL gemahlener Zimt
1 Pkg. Vanillezucker

750 g reife Quitten
Saft einer Zitrone

Zutaten für den Teig:

150 g Butter
50 g flüssiger Honig
50 g Wiener Zucker
Brauner Rohrzucker kristallin
1 Prise Salz
150 g Weizenvollkornmehl
2–3 TL abgeriebene Schale
einer unbehandelten Orange
2 TL Backpulver
2 Eier

Wiener Streuzucker
zum Bestreuen

Mandeln, Honig, Rohrzucker, Zimt und Vanillezucker in einer Pfanne unter ständigem Rühren ca. 1 Minute erhitzen. Die Masse gleichmäßig in der befetteten Tarteform verteilen.

Die Quitten mit einem trockenen Tuch gründlich abreiben, waschen, schälen, vierteln, vom Kerngehäuse befreien, in Spalten schneiden, mit Zitronensaft beträufeln und auf der Mandelmasse verteilen.

Für den Teig zimmerwarme Butter mit Honig, Rohrzucker und Salz schaumig schlagen. Mehl mit Orangenschale und Backpulver vermischen und abwechselnd mit den Eiern einrühren.
So lange rühren, bis sich der Rohrzucker aufgelöst hat. Den Teig auf die Quitten geben, glatt streichen und im vorgeheizten Backrohr auf mittlerer Schiene bei 190 °C ca. 25 Minuten goldbraun backen.

Die fertige Tarte bei geöffnetem Backrohr ca. 15 Minuten ruhen lassen, herausnehmen und mit Streuzucker bestreuen.

Nussstrudel aus Kartoffelteig

Zubereitung:

45 Minuten
Backzeit:
40 Minuten bei 175 °C

Zutaten für den Teig:

500 g mehlige Kartoffeln
550 g Mehl
1 Pkg. Backpulver
1 Ei
1 TL abgeriebene Schale einer unbehandelten Zitrone
200 g Butter
200 g Wiener Staubzucker
1 Pkg. Vanillezucker

Zutaten für die Füllung:

¼ l Milch
3 EL Honig
150 g Wiener Braunzucker
1 Pkg. Vanillezucker
1 TL abgeriebene Schale einer unbehandelten Zitrone
1 TL gemahlener Zimt
350 g geriebene Haselnüsse oder Walnüsse
5 EL Rum
70 g Rosinen

1 Ei zum Bestreichen

Kartoffeln kochen, abkühlen lassen, schälen und durch die Kartoffelpresse drücken. Auf einer Arbeitsfläche Mehl mit Backpulver mischen und mit den passierten Kartoffeln, Ei, Zitronenschale, klein geschnittener, zimmerwarmer Butter, Staubzucker und Vanillezucker zu einem glatten Teig verkneten.

Für die Füllung Milch und Honig erwärmen und mit den restlichen Zutaten zu einer streichfähigen Masse verrühren. Bei Bedarf noch etwas Milch hinzufügen.

Den Teig halbieren und jede Hälfte zu einem Rechteck ausrollen, mit Nussfüllung bestreichen, einrollen und die Enden zusammendrücken. Mit der Teignaht nach unten auf ein mit Backpapier ausgelegtes Backblech legen, einige Male einstechen und mit versprudeltem Ei bestreichen.

Im vorgeheizten Backrohr bei 175 °C ca. 40 Minuten backen.

Produkt-Tipp:

Wiener Braunzucker ist karamellisierter Kristallzucker, veredelt mit Rohrzuckersirup.
Er hebt die Würzkraft aller verwendeten Zutaten und kann daher immer dann verwendet werden, wenn eine spezielle Geschmacksnote gewünscht ist.

Orangencreme-Kakao Roulade

Zubereitung:

40 Minuten
Backzeit:
12 Minuten bei 200 °C

Zutaten für den Teig:

4 Eier
200 g Wiener Staubzucker
70 g Mehl
30 g Stärkemehl
40 g Kakaopulver

Zutaten für die Creme:

5 Blatt Gelatine
½ l Orangensaft
80 g Wiener Zucker
Bio Rübenzucker
1 Pkg. Vanillepuddingpulver
¼ l Schlagobers
2 EL Orangenlikör

2 Orangen oder 4 Mandarinen

Zutaten zum Verzieren:

Schokoladeglasur
(Fertigprodukt)
Mandelblättchen

Eier trennen. Die Eiklar mit 3 EL Wasser aufschlagen. Den Staubzucker und nach und nach die Eidotter einrühren. Mehl, Stärkemehl und Kakaopulver vermischen und locker unterheben.

Die Masse auf ein mit Backpapier ausgelegtes Backblech streichen und im vorgeheizten Backrohr bei 200 °C ca. 12 Minuten backen.

Nach dem Backen sofort auf ein mit Mehl bestaubtes Tuch stürzen. Das mitgebackene Backpapier abziehen, das Biskuit sofort einrollen und auskühlen lassen.

Für die Creme Gelatine in kaltem Wasser einweichen. Aus Orangensaft, Bio Rübenzucker und Vanillepuddingpulver einen Pudding zubereiten und die ausgedrückte Gelatine einrühren, kühl stellen und ab und zu umrühren. Schlagobers schlagen und mit Orangenlikör in den abgekühlten Pudding rühren. Die Creme 15 Minuten in den Kühlschrank stellen.

Das Biskuit aufrollen, mit der Creme bestreichen, mit filetierten Orangen- oder Mandarinenspalten belegen und vorsichtig wieder einrollen.

Mit Schokoladeglasur überziehen und mit Mandelblättchen bestreuen.

Mohnkranz

Zubereitung:

30 Minuten
Backzeit:
35 Minuten bei 170 °C

Zutaten für den Teig:

5 Eier
160 g Butter
180 g Wiener Vollzucker
140 g Mehl
1 TL Backpulver
½ TL gemahlener Zimt
1 TL abgeriebene Schale einer unbehandelten Zitrone
ca. 1/8 l Milch
250 g gemahlener Mohn

Ribiselmarmelade

Zutaten für die Glasur:

80 g Butter
150 g Kochschokolade

Mandelblättchen zum Bestreuen

Eier trennen und die Eiklar zu steifem Schnee schlagen. Zimmerwarme Butter mit Vollzucker schaumig rühren. Nach und nach die Eidotter einrühren. Mehl mit Backpulver, Zimt und Zitronenschale mischen und mit der Milch untermengen. Eischnee mit Mohn unterheben.

Den Teig in eine befettete, bemehlte Kranzform (Ø = 26–28 cm) füllen und bei 170 °C ca. 35 Minuten backen.

Den ausgekühlten Mohnkranz einmal horizontal durchschneiden und mit Ribiselmarmelade bestreuen.

Für die Glasur Butter und Schokolade im Wasserbad schmelzen. Die lippenwarme Glasur auf den Kuchen streichen und mit Mandelblättchen bestreuen.

Tipp:
Reibt man 1–2 Äpfel in den Teig, wird der Mohnkranz noch saftiger.

Produkt-Tipp:
Wiener Vollzucker: Durch vorsichtige Pressung und schonende Trocknung des Zuckerrübensaftes bleiben die natürlichen Vitamine und Spurenelemente weitgehend erhalten. Für all jene, die mit dem natürlichen Vollzuckeraroma verfeinern wollen!

Apfelbrot

Zubereitung:

50 Minuten
Backzeit:
70 Minuten bei 170 °C

Zutaten für den Teig:

1 kg Äpfel
250 g Feigen
250 g Walnüsse
250 g Rosinen
250 g Dörrzwetschken
100 g Honig
150 g Wiener Vollzucker
3 Rippen Kochschokolade
3 TL Lebkuchengewürz
1/8 l Rum
450 g Weizenvollkornmehl
1 Pkg. Backpulver
1 Ei

Äpfel schälen, Kerngehäuse entfernen und grob raspeln. Feigen, Walnüsse, Rosinen und Dörrzwetschken klein schneiden. Honig, Vollzucker, geriebene Schokolade, Lebkuchengewürz und Rum dazugeben. Die Zutaten vermischen und über Nacht ziehen lassen.

Am nächsten Tag Mehl mit Backpulver vermengen, mit dem Ei zur Apfelmischung geben und gut durchkneten. Den Teig in eine befettete, bemehlte Kastenform füllen und bei 170 °C ca. 70 Minuten backen.

Adventliches Früchtebrot

Zubereitung:

45 Minuten
Backzeit:
45 Minuten bei 160 °C

Zutaten für den Teig:

je 50 g Aranzini, Zitronat, Rosinen, Feigen und Datteln
80 g Kochschokolade
120 g Mehl
5 Eier
60 g Wiener Backzucker
80 g Butter
60 g Wiener Staubzucker
80 g geriebene Haselnüsse
1 gestr. TL Backpulver

Wiener Streuzucker zum Bestreuen

Aranzini, Zitronat, Rosinen, Feigen, Datteln und Kochschokolade klein schneiden und mit etwas Mehl vermischen.

Eier trennen und die Eiklar mit Backzucker zu steifem Schnee schlagen.

Zimmerwarme Butter mit Staubzucker schaumig rühren und nach und nach die Eidotter einrühren. Das restliche Mehl mit Haselnüssen und Backpulver vermischen und mit einem Teil des Eischnees in die Masse rühren. Restlichen Schnee unter die Früchte-Schokolade-Mischung heben.

Den Teig in eine befettete, bemehlte Kastenform füllen. Im vorgeheizten Backrohr bei 160 °C ca. 45 Minuten backen.

Auf ein bemehltes Brett stürzen und mit der Form bedeckt auskühlen lassen.

Erst am nächsten Tag mit Streuzucker bestreuen und aufschneiden.

Das adventliche Früchtebrot bleibt lange frisch und saftig.

Tipp:
Vor dem Backen den Teig der Länge nach in der Mitte mit etwas Feinkristallzucker bestreuen. Das verhindert, dass er beim Backen aufreißt.

Biskuitroulade mit Mangocreme

Zubereitung:

40 Minuten
Backzeit:
12 Minuten bei 190 °C

Zutaten für den Teig:

4 Eier
1 Pkg. Vanillezucker
1 Prise Salz
160 g Wiener Staubzucker
100 g Weizenmehl
50 g Stärkemehl
1 TL Backpulver

Zutaten für die Creme:

2 reife Mangos
Saft einer Zitrone
Saft von 2 unbehandelten Orangen
120 g Wiener Staubzucker
2–3 TL abgeriebene Schale einer unbehandelten Orange
7 Blatt Gelatine
½ l Schlagobers

Wiener Streuzucker zum Bestreuen

Eier trennen. Die Eiklar mit Vanillezucker zu steifem Schnee schlagen.

Die Eidotter mit 3 EL heißem Wasser und Salz cremig rühren und den Staubzucker unterrühren. Mehl, Stärkemehl und Backpulver vermischen und mit dem Eischnee behutsam unter die Masse heben.

Das Biskuit auf ein mit Backpapier ausgelegtes Backblech streichen und im vorgeheizten Backrohr bei 190 °C ca. 12 Minuten backen.

Nach dem Backen sofort auf ein mit Mehl bestaubtes Backpapier oder Tuch stürzen. Das mitgebackene Backpapier abziehen. Das Biskuit der Länge nach einrollen und auskühlen lassen.

Für die Creme Mangos schälen, Kerne entfernen und mit Zitronen- und Orangensaft, Staubzucker und geriebener Orangenschale pürieren.

Gelatine in kaltem Wasser einweichen, gut ausdrücken, in 3 EL erwärmtem Mangopüree auflösen und das restliche Mangopüree einrühren. Kühl stellen, bis die Masse so fest geworden ist, dass man die Spuren des Umrührens sieht.

Schlagobers steif schlagen und vorsichtig unter die Mangocreme ziehen.

Das Biskuit behutsam aufrollen, mit Mangocreme bestreichen und wieder einrollen. Die Roulade 60 Minuten kalt stellen und kurz vor dem Servieren mit Streuzucker bestreuen.

SÜNDHAFT HIMMLISCHE SCHNITTEN

Gänseblümchen Schnitten

Zubereitung:

40 Minuten
Backzeit:
20 Minuten bei 160 °C

Zutaten für den Teig:

225 g Mehl
1 Pkg. Backpulver
25 g Kakaopulver
160 g Wiener Staubzucker
1 Pkg. Vanillezucker
1 Prise Salz
3 Eier
130 ml Öl
150 ml roter Fruchtsaft
(zB. Erdbeersaft od. Himbeersaft – kein Sirup!)

Zutaten für den Belag:

1 l roter Fruchtsaft
2 Pkg. Vanillepuddingpulver

Zutaten für die Creme:

250 g Mascarino
20 g Wiener Staubzucker
1 Pkg. Vanillezucker
3 EL Rum
12 Stück Schaumbomben
3/4 l Schlagobers
1 Pkg. Gelatinepulver

Zum Verzieren:

frisch gepflückte Gänseblümchen
kleine Melisseblätter

Für den Teig Mehl, Backpulver, Kakaopulver, Staubzucker, Vanillezucker und Salz mit dem Schneebesen mischen. Eier, Öl und den roten Fruchtsaft kräftig hineinrühren.

Den Teig auf ein mit Backpapier ausgelegtes Backblech streichen und bei 160 °C ca. 20 Minuten backen.

Für den Belag aus rotem Fruchtsaft und Vanillepuddingpulver einen Pudding zubereiten. Noch warm auf dem Kuchenboden verteilen und auskühlen lassen.

Für die Creme Mascarino mit Staubzucker, Vanillezucker und Rum verrühren. Den Boden der Schaumbomben entfernen. Die Bomben zerdrücken und mit dem Handmixer in die Masse rühren. Das Schlagobers mit Gelatinepulver steif schlagen und ebenfalls einrühren.

Die Creme 2–3 cm dick auf den Puddingbelag auftragen und ca. 3 Stunden kalt stellen. Vor dem Servieren mit Gänseblümchenköpfchen und Melisseblättern verzieren.

Tipps:
Für eine weniger üppige Variante kann eine Joghurtcreme verwendet werden: Dafür ½ l Joghurt mit 2 Pkg. Gelatinepulver verrühren und 1/4 l fettreduziertes Schlagobers unterheben.
Anstelle von Schaumbomben 200 g klein geschnittene Früchte beifügen.

ZUCKER

Dinkel-Apfel-Schnitten

Zubereitung:

40 Minuten
Backzeit:
30 Minuten bei 200 °C

Zutaten für den Teig:

5 Eier
250 g Butter
220 g Wiener Vollzucker
1 Pkg. Vanillezucker
300 g Dinkelvollkornmehl
1 Pkg. Backpulver
1 TL gemahlener Zimt
1 TL abgeriebene Schale einer unbehandelten Zitrone
100 g geriebene Haselnüsse

5 große Äpfel

Wiener Streuzucker
zum Bestreuen

Eier trennen und die Eiklar zu steifem Schnee schlagen. Zimmerwarme Butter, Vollzucker und Vanillezucker schaumig rühren. Die Eidotter nach und nach in die Masse rühren. Mehl, Backpulver, Zimt und Zitronenschale vermischen und abwechselnd mit den Nüssen und dem Eischnee einrühren.

Äpfel schälen, Kerngehäuse entfernen, in kleine Würfel schneiden und unter den Teig heben.

Den Teig auf ein befettetes, mit Bröseln bestreutes Backblech streichen und im vorgeheizten Backrohr bei 200 °C ca. 30 Minuten backen.

Auskühlen lassen und mit Streuzucker bestreuen.

Tipp:
Zerkleinerte, in Rum getränkte Rosinen mit den Äpfeln unter den Teig mischen.

Produkt-Tipp:
Wiener Vollzucker ist der österreichische Beitrag zur bewussten Ernährung – mit natürlichem Vollzuckeraroma, zum Backen und Süßen geeignet.

Most-Schoko-Schnitten

Zubereitung:

30 Minuten
Backzeit:
30 Minuten bei 180 °C

Zutaten:

250 g Butter
300 g Wiener Staubzucker
1 Pkg. Vanillezucker
5 Eier
380 g Mehl
1 Pkg. Backpulver
1 TL gemahlener Zimt
150 g geriebene Haselnüsse
¼ l Most
150 g gehackte
Kochschokolade

Zutaten zum Verzieren:

Ribiselmarmelade
Schokoladeglasur
(Fertigprodukt)
Schokospäne

Zimmerwarme Butter, Staubzucker und Vanillezucker schaumig rühren. Eier nach und nach einrühren. Mehl mit Backpulver, Zimt und Haselnüssen vermischen und mit dem Most einrühren. Zuletzt die gehackte Schokolade unterheben.

Den Teig auf ein befettetes, bemehltes Backblech streichen und im vorgeheizten Backrohr bei 180 °C ca. 30 Minuten backen.

Den ausgekühlten Kuchenboden mit Ribiselmarmelade bestreichen, mit Schokoladeglasur überziehen und mit Schokospänen verzieren.

Tipp:
Anstelle von Most kann auch Weißwein verwendet werden.

Beeren-Kokos-Schnitten

Zubereitung:
40 Minuten
Backzeit:
40 Minuten bei 180 °C

Zutaten für den Teig:
300 g Mehl
1 gestr. TL Backpulver
150 g Wiener Staubzucker
1 Pkg. Vanillezucker
180 g Butter
1 Ei

Zutaten für den Belag:
150 g Ribiselmarmelade
80 g Kokosette
600 g Beeren (Ribisel, Jostabeeren, Himbeeren, Brombeeren) oder TK-Beerenmischung

500 g Magertopfen
50 g Butter
120 g Wiener Staubzucker
1 Pkg. Vanillepuddingpulver
2 Eier
¼ l Schlagobers

Zutaten für den Streusel:
100 g Wiener Staubzucker
100 g Kokosette
120 g Butter
140 g Mehl

Wiener Streuzucker zum Bestreuen

Mehl mit Backpulver vermischen und mit den übrigen Zutaten rasch zu einem glatten Teig verkneten. In Frischhaltefolie gewickelt 30 Minuten kühl gestellt rasten lassen.

Den Teig ausrollen, auf ein befettetes Backblech legen, mit Marmelade bestreichen, mit Kokosette bestreuen und die vorbereiteten Beeren darauf verteilen.

Den Magertopfen mit zimmerwarmer Butter und Staubzucker schaumig rühren. Das Vanillepuddingpulver und die Eier einrühren. Das ungeschlagene Schlagobers ebenfalls einrühren. Diese Masse mit einem Esslöffel auf den Beeren verteilen und so gut wie möglich glatt streichen.

Für den Streusel Staubzucker, Kokosette, zimmerwarme Butter und Mehl fein verbröseln und auf die Topfenmasse streuen.

Im vorgeheizten Backrohr bei 180 °C ca. 40 Minuten backen. Noch warm mit Streuzucker bestreuen.

ZUCKER
200g

Nuss-Ribisel-Schnitten

Zubereitung:

30 Minuten
Backzeit:
20 Minuten bei 175 °C
20 Minuten mit Belag
bei 170 °C

Zutaten für den Teig:

150 g Butter
150 g Wiener Staubzucker
1 Pkg. Vanillezucker
3 Eidotter
80 g Kochschokolade
120 g geriebene Haselnüsse
150 g Mehl
½ Pkg. Backpulver
100 ml Milch

Zutaten für den Belag:

3 Eiklar
200 g Wiener Feinkristallzucker
80 g geriebene Haselnüsse
400 – 500 g rote Ribisel

Zimmerwarme Butter mit Staubzucker und Vanillezucker schaumig rühren. Nach und nach die Eidotter einrühren. Erweichte abgekühlte Kochschokolade unterrühren. Mehl mit Backpulver und Nüssen mischen und mit der Milch in die Buttermasse rühren.

Die Masse auf ein befettetes bemehltes Backblech streichen und im vorgeheizten Backrohr bei 170 °C ca. 20 Minuten backen. Herausnehmen und 15 Minuten abkühlen lassen.

Eiklar schaumig schlagen. Feinkristallzucker dazu geben und zu einer festen Masse aufschlagen. Haselnüsse und Ribiselbeeren unterheben. Die Schneemasse auf den vorgebackenen Boden streichen und auf der oberen Schiene bei 170 °C ca. 10 Minuten backen.

Produkt-Tipp:

Wiener Staubzucker ist fein gemahlener Kristallzucker ohne spürbare Kristallteilchen.
Er eignet sich besonders für feine Mehlspeisen, Glasuren und Schlagobers.

Zitronen-Topfen Schnitten

Zubereitung:

40 Minuten
Backzeit:
15 Minuten bei 200 °C

Zutaten für den Teig:

4 Eier
1 Prise Salz
1 TL abgeriebene Schale einer unbehandelten Zitrone
1 Pkg. Vanillezucker
90 g Wiener Backzucker
80 g Mehl
80 g Stärkemehl
30 g Butter

Zutaten für die Creme:

250 g Magertopfen
90 g Wiener Staubzucker
Saft von 2 Zitronen
4 Blatt Gelatine
¼ l Schlagobers

Wiener Staubzucker zum Bestreuen

Eier trennen. Die Eiklar mit Salz, Zitronenschale und Vanillezucker anschlagen und mit Backzucker zu steifem Schnee schlagen. Mehl mit Stärkemehl vermischen und mit den Eidottern und der zerlassenen, abgekühlten Butter unter den Schnee heben.

Den Teig auf ein mit Backpapier ausgelegtes Backblech streichen und im vorgeheizten Backrohr bei 200 °C ca. 15 Minuten backen.

Die Arbeitsfläche mit etwas Mehl bestäuben und das Biskuit darauf stürzen. Das Backpapier abziehen und auskühlen lassen.

Für die Creme den Topfen mit Staubzucker und Zitronensaft cremig rühren. Gelatine in kaltem Wasser einweichen, gut ausdrücken in 2 EL heißem Wasser auflösen. Das Schlagobers steif schlagen und mit der aufgelösten Gelatine in die Topfenmasse rühren.

Das Biskuit halbieren. Eine Hälfte mit der Creme bestreichen und die andere darauflegen. 1–2 Stunden kalt stellen. Vor dem Servieren mit Staubzucker bestreuen und in kleine Würfel schneiden.

Weißwein-Apfel Schnitten

Zubereitung:

50 Minuten
Backzeit:
25 Minuten bei 160 °C

Zutaten für den Teig:

5 Eier
100 g Wiener Backzucker
120 g Wiener Staubzucker
1 Pkg. Vanillezucker
1 Prise Salz
1 TL abgeriebene Schale einer unbehandelten Zitrone
1/8 l Öl
150 g Mehl
1 TL Backpulver
½ TL Zimt
200 g geriebene Mandeln
1/8 l Weißwein

Zutaten für den Belag:

4 große Äpfel
½ l Weißwein
½ l Apfelsaft
4 EL Wiener Zucker Bio Rübenzucker
½ TL gemahlener Zimt
2 Pkg. Vanillepuddingpulver

Ribiselmarmelade

½ l Schlagobers
2 Pkg. Sahnesteif

gehackte Walnüsse

Eier trennen. Die Eiklar anschlagen und mit Backzucker zu festem Schnee schlagen. Eidotter, Staubzucker, Vanillezucker, Salz und Zitronenschale schaumig rühren. Öl langsam einrühren. Mehl mit Backpulver, Zimt und Mandeln vermischen und mit Weißwein in die Masse rühren. Eischnee darunterheben.

Den Teig auf ein befettetes, bemehltes Backblech streichen und im vorgeheizten Backrohr bei 160 °C ca. 25 Minuten backen.

Für den Belag Äpfel schälen, Kerngehäuse entfernen, in kleine Würfel schneiden und in einer Mischung aus 1/2 l Weißwein, 3/8 l Apfelsaft, Bio Rübenzucker und Zimt ein Mal aufkochen. Das Vanillepuddingpulver mit 1/8 l Apfelsaft anrühren, in das Apfelkoch rühren und unter Rühren eindicken lassen.

Den Kuchenboden dünn mit Ribiselmarmelade bestreichen. Die Pudding-Apfel-Masse darauf verteilen und auskühlen lassen. Mit dem mit Sahnesteif geschlagenen Schlagobers bestreichen und mit Walnüssen bestreuen.

Tipp:
Für eine alkoholfreie Variante Weißwein durch Apfelsaft ersetzen.

Produkt-Tipp:
Wiener Zucker Bio Rübenzucker kann wie Kristallzucker verwendet werden, eignet sich daher hervorragend zum Süßen von Speisen und Getränken und ist in der Küche vielseitig einsetzbar.

Ananascreme Schnitten

Zubereitung:

30 Minuten
Backzeit:
25 Minuten bei 175 °C

Zutaten für den Teig:

3 Eier
1 Becher Wiener Backzucker
1 Pkg. Vanillezucker
1 Becher geriebene Haselnüsse
1 Becher Trinkschokolade in Pulverform
1/8 l Öl
1 Becher Mehl
1 Pkg. Backpulver
1 Becher Sauerrahm

Ribiselmarmelade

Zutaten für die Creme:

1 Pkg. Vanillepuddingpulver
1 große Dose Ananasstücke
120 g Wiener Staubzucker
2 Pkg. Gelatinepulver
4 EL Rum
250 g Magertopfen
1/8 l Schlagobers

ca. 100 g Kokosette zum Bestreuen

Tipps:

- *Achtung! Die Creme gelingt nur mit Ananas aus der Dose!*
- *Schnitten mit getrockneten Ananasscheiben garnieren.*

Eier mit Backzucker und Vanillezucker schaumig rühren. Haselnüsse mit dem Schokoladepulver mischen und mit dem Öl einrühren.

Mehl mit Backpulver vermischen und mit dem Sauerrahm darunter mengen.

Den Teig auf ein befettetes, bemehltes Backblech streichen und bei 175 °C ca. 25 Minuten backen. Abgekühlt mit Marmelade bestreichen.

Für die Creme Vanillepuddingpulver mit etwas Ananassaft anrühren. Die Ananasstücke mit dem restlichen Saft pürieren.

Das Ananaspüree mit Staubzucker aufkochen, Vanillepuddingpulver einkochen. Gelatinepulver und Rum einrühren. Mit dem Mixer den Topfen unter den warmen Ananaspudding rühren und während des Abkühlens gelegentlich umrühren.

Schlagobers schlagen und in die im Stocken begriffene Topfencreme rühren. Auf dem Kuchenboden verteilen, glatt streichen, mit Kokosette bestreuen und kühl stellen.

Schokotraum Schnitten

Zubereitung:
40 Minuten
Backzeit:
20 Minuten bei 180 °C

Zutaten für den Teig:
5 Eier
160 g Butter
120 g Wiener Vollzucker
1 Pkg. Vanillezucker
1 Prise Salz
120 g Kochschokolade
80 g Weizenvollkornmehl
½ TL Backpulver
80 g geriebene Walnüsse
2–3 TL abgeriebene Schale einer unbehandelten Zitrone
3 EL Rum

Zutaten für die Creme:
160 g Kochschokolade
600 ml Schlagobers

Zum Bestreichen:
Ribiselmarmelade
Milchschokoladeglasur (Fertigprodukt)

Eier trennen und die Eiklar zu steifem Schnee schlagen. Zimmerwarme Butter mit Vollzucker, Vanillezucker und Salz sehr schaumig rühren. Geschmolzene Kochschokolade nach und nach mit den Eidottern darunter heben. Mehl mit Backpulver, Walnüssen und der Zitronenschale vermischen und mit dem Rum einrühren.

Den Teig auf ein mit Backpapier ausgelegtes Backblech streichen und im vorgeheizten Backrohr bei 180 °C ca. 20 Minuten backen.

Den Kuchenboden auf eine mit Mehl bestäubte Arbeitsfläche stürzen und das Backpapier vorsichtig abziehen. Erkalten lassen und in drei gleich breite Streifen schneiden.

Für die Creme die zerkleinerte Schokolade mit Schlagobers aufkochen, mit einem Stabmixer pürieren und über Nacht kalt stellen. Am nächsten Tag mit einem Schneebesen kurz aufschlagen.

Die Kuchenstreifen mit Creme füllen. Die Oberfläche dünn mit erhitzter Marmelade bestreichen. Für zwei Stunden in den Kühlschrank stellen.

Mit Schokoladeglasur überziehen.

Tipp:
Reste von dunkler oder weißer Schokoladeglasur müssen nicht weggegeben werden: Glasur erwärmen und mit einem Löffel auf die erstarrte Schokoladeglasur Ornamente ziehen.

Birnen-Marzipan Schnitten

Zubereitung:

60 Minuten
Backzeit:
30 Minuten bei 180 °C

Zutaten für den Teig:

200 g Butter
140 g Wiener Backzucker
380 g Mehl
3 Msp. Backpulver
1 Ei
1 Eidotter
1 Prise Salz
1 TL abgeriebene Schale einer unbehandelten Zitrone
Ribiselgelee

Zutaten für den Belag:

¼ l Milch
160 g Wiener Zucker Bio Rübenzucker
60 g Butter
2 Pkg. Vanillezucker
2 TL abgeriebene Schale einer unbehandelten Zitrone
5 EL Birnenschnaps oder Rum
350 g geriebene Haselnüsse
50 g Biskotten- oder Semmelbrösel
1 kg Birnen oder Birnen aus der Dose

Zutaten für den Guss:

80 g Marzipanrohmasse
30 g Wiener Staubzucker
3 Eier
1 EL Schlagobers
gemahlener Zimt

Aus den Teigzutaten rasch einen Mürbteig zubereiten und 30 Minuten kühl rasten lassen. Ausrollen, auf ein befettetes Backblech legen. Dünn mit Ribiselgelee bestreichen.

Birnen aus der Dose abtropfen lassen. Frische Birnen schälen, Kerngehäuse entfernen und fächerartig aufschneiden.

Für den Belag Milch mit Bio Rübenzucker, Butter, Vanillezucker und Zitronenschale aufkochen. Birnenschnaps, Haselnüsse und Brösel einrühren, 1 Minute kochen und abkühlen lassen. Sollte die Masse zu fest sein, etwas Milch einrühren. Die abgekühlte Nussfülle auf den Mürbteig streichen und die Birnenfächer darauf verteilen.

Für den Guss Marzipan zerkleinern und eine Minute in der Mikrowelle erwärmen. Mit Staubzucker und den Eiern cremig rühren, das ungeschlagene Obers einrühren und auf die Birnen gießen.

Im vorgeheizten Backrohr bei 180 °C ca. 30 Minuten backen. Mit Zimt bestreuen, in Stücke schneiden und servieren.

Tipp:
Schneller geht es, wenn zwei Packungen Nussfülle (Fertigprodukt) nach Packungsanleitung zubereitet und mit 5 EL Birnenschnaps verrührt werden.

Advent Schnitten

Zubereitung:

30 Minuten
Backzeit:
Vorbacken:
15 Minuten bei 160 °C
Fertigbacken:
10 Minuten bei 180 °C

Zutaten für den Teig:

4 Eiklar
80 g Wiener Backzucker
6 Dotter
80 g Wiener Staubzucker
2 EL Öl
250 g Mehl
1 Msp. Backpulver
½ Pkg. Vanillepuddingpulver

Marillenmarmelade, mit etwas Rum verrührt

Zutaten für die Schneehaube:

3 Eiklar
200 g Wiener Backzucker
100 g geriebene Mandeln

Zutaten zum Verzieren:

Schokoladeglasur (Fertigprodukt)
Mandelblättchen

Die Eiklar mit Backzucker zu steifem Schnee schlagen. Die Dotter mit Staubzucker dickcremig schlagen und das Öl einrühren. Mehl mit Backpulver vermengen und mit Vanillepuddingpulver und Eischnee vorsichtig unter die Masse heben.

Den Teig auf ein befettetes, bemehltes Backblech streichen und auf mittlerer Schiene im vorgeheizten Backrohr bei 160 °C ca. 15 Minuten hell backen.

Aus dem Rohr nehmen und 3 mm dick mit Marillenmarmelade bestreichen. Nochmals ins Backrohr schieben, bis die Marillenmarmelade angetrocknet ist.

Inzwischen die Eiklar mit Backzucker zu steifem Schnee schlagen, Mandeln untermengen, vorsichtig auf die Marmeladeschicht streichen und bei 180 °C ca. 10 Minuten fertig backen.

Die Schokoladeglasur nach Anleitung zubereiten und damit feine Linien über den ausgekühlten Kuchen ziehen. Mit Mandelblättchen bestreuen und in kleine Würfel oder Rauten schneiden.

Kaffee-Joghurt Schnitten

Zubereitung:

30 Minuten
Backzeit:
20 Minuten bei 190 °C

Zutaten für den Teig:

100 g Butter
120 g Wiener Staubzucker
4 Eidotter
150 g Mehl
1 TL Backpulver
1/16 l Milch

Zutaten für das Baiser:

4 Eiklar
150 g Wiener Backzucker
100 g geriebene Mandeln

Mandelblättchen
zum Bestreuen

Zutaten für die Creme:

¼ l Schlagobers
1 Pkg. Sahnesteif
¼ l Kaffeejoghurt

Zimmerwarme Butter mit Staubzucker schaumig rühren. Die Eidotter nach und nach einrühren. Mehl mit Backpulver mischen und mit der Milch darunter rühren.

Den Teig auf ein mit Backpapier ausgelegtes Backblech streichen.

Für den Baiser die Eiklar mit Backzucker steif schlagen, die Mandeln unterheben und auf den Teig streichen.

Im vorgeheizten Backrohr bei 190 °C ca. 20 Minuten backen. Nach ca. 15 Minuten Backzeit Mandelblättchen darauf streuen.

Für die Creme Schlagobers mit Sahnesteif schlagen und das Kaffeejoghurt darunter heben.

Den Kuchenboden halbieren und mit der Creme füllen.

Bratapfel Schnitten

Zubereitung:

70 Minuten
Backzeit:
Teig:
25 Minuten bei 170 °C
Bratäpfel:
30 Minuten bei 150 °C

Zutaten für den Teig:

3 Eier
180 g Wiener Staubzucker
150 ml Öl
150 ml Apfelsaft
150 g geriebene Haselnüsse
1 gestr. TL gemahlener Zimt
225 g Mehl
1 Pkg. Backpulver

Zutaten für die Bratäpfel:

12 Äpfel (Ø = 6–7 cm)
70 g Butter
180 g geriebene Haselnüsse
4 EL Honig
3 EL Wiener Braunzucker
1 TL Zimt
4 EL Rum

Ribiselmarmelade

Zutaten für den Belag:

½ l Schlagobers
2 Pkg. Vanillezucker
2 EL Wiener Staubzucker

geriebene Haselnüsse
gemahlener Zimt

Eier mit Staubzucker dickcremig aufschlagen. Öl und Apfelsaft nach und nach einrühren. Haselnüsse, Zimt, Mehl und Backpulver vermischen und rasch unterrühren. Den Teig auf ein befettetes, mit Bröseln bestreutes Backblech streichen und im vorgeheizten Backrohr auf mittlerer Schiene bei 170 °C ca. 25 Minuten backen.

Für die Bratäpfel die Äpfel waschen, trocken tupfen, das Kerngehäuse mit einem Apfelausstecher entfernen. Zimmerwarme Butter, Haselnüsse, Honig, Braunzucker, Zimt und Rum verrühren und die Äpfel damit füllen. In eine Auflaufform geben und auf unterster Schiene im vorgeheizten Backrohr bei 150 °C ca. 30 Minuten braten. Dabei unbedingt darauf achten, dass die Äpfel bissfest bleiben! Bratäpfel auskühlen lassen.

Den ausgekühlten Kuchenboden dünn mit Ribiselmarmelade bestreichen. Die Bratäpfel halbieren, mit der Rundung nach oben in einem Abstand von ca. 1 cm darauf legen.

Kurz vor dem Servieren Schlagobers mit Vanillezucker und Staubzucker steif schlagen und die Äpfel mit Hilfe eines Dressiersackes garnieren. Mit Haselnüssen und etwas Zimt bestreuen.

Tipp:
Wer in Eile ist, dünstet die vorbereiteten Äpfel bissfest in einer Wasser-Zucker-Zimt-Mischung.

Walnuss-Cola Schnitten

Zubereitung:

45 Minuten
Backzeit:
25 Minuten bei 170 °C

Zutaten für den Teig:

4 Eier
300 g Wiener Staubzucker
1 Pkg. Vanillezucker
150 g Mehl
1 Pkg. Backpulver
1 EL Kakaopulver
150 g geriebene Walnüsse

Zutaten für die Creme:

300 g Butterkekse
220 g Butter
150 g Wiener Staubzucker
1 Pkg. Vanillezucker
200 g geriebene Walnüsse
ca. ¼ l Cola
3 EL Rum

Zutaten zum Verzieren:

Weichsel- oder
Ribiselmarmelade
Pralinen

Eier trennen. Die Eiklar zu steifem Schnee schlagen. Die Eidotter, 8 EL Wasser, Staubzucker und Vanillezucker schaumig rühren. Mehl mit Backpulver und Kakaopulver mischen und mit dem Eischnee und den Walnüssen vorsichtig unter die Masse heben.

Den Teig auf ein befettetes, bemehltes Backblech streichen und im vorgeheizten Backrohr bei 170 °C ca. 25 Minuten backen.

Für die Creme die Butterkekse in einen Gefrierbeutel geben und mit dem Plattiereisen zerkleinern. Zimmerwarme Butter mit Staubzucker und Vanillezucker schaumig rühren. Walnüsse, Keksbrösel, Cola und Rum einrühren.

Das ausgekühlte Biskuit zuerst mit Marmelade und dann mit Creme bestreichen, portionieren und jede Schnitte mit einer Praline verzieren.

Tipps:

- *Die Creme schmeckt fruchtig, wenn anstelle von Cola Orangensaft verwendet wird.*
- *Anstelle von Butterkeksen können übrig gebliebene Weihnachtskekse verwendet werden.*

VERFÜHRERISCH KÖSTLICHE TORTEN

Zebratorte mit Mandarinencreme

Zubereitung:

70 Minuten
Backzeit:
60 Minuten bei 175 °C

Zutaten für den Teig:

5 Eier
250 g Wiener Staubzucker
1 Pkg. Vanillezucker
¼ l Öl
375 g Mehl
1 Pkg. Backpulver
3 TL abgeriebene Schale einer unbehandelten Orange
2 EL Kakaopulver
2 EL Rum

Zutaten für die Creme:

500 g Mascarino
130 g Wiener Staubzucker
1 EL Zitronensaft
400 g Mandarinen aus der Dose
10 Blatt Gelatine
5–6 EL Orangenlikör
¼ l Schlagobers

Marillenmarmelade
Kakaopulver

Eier trennen und die Eiklar zu steifem Schnee schlagen. Eidotter, Staubzucker und Vanillezucker schaumig rühren. In kleinen Mengen 1/8 l lauwarmes Wasser und Öl einrühren. Dieser Vorgang soll mindestens 10 Minuten dauern. Mehl mit Backpulver und Orangenschale mischen und portionsweise einrühren. Den Eischnee vorsichtig darunterziehen. Die Masse halbieren und eine Hälfte behutsam mit Kakaopulver und Rum vermischen.

In die befettete, bemehlte Tortenform 2–3 EL dunklen und darauf 2–3 EL hellen Teig geben. Den Vorgang wiederholen, bis beide Teigmassen aufgebraucht sind. Den Teig nicht glatt streichen, sondern eine Minute stehen lassen, sodass er ineinanderfließen kann.

Im vorgeheizten Backrohr bei 175 °C ca. 60 Minuten backen. Die fertige Torte bei geöffnetem Backrohr ca. 15 Minuten abkühlen, dann herausnehmen und auskühlen lassen.

Für die Creme Mascarino, Staubzucker, Zitronensaft, die pürierten Mandarinen und den Mandarinensaft verrühren. Gelatine 5 Minuten in kaltem Wasser einweichen, ausdrücken, in warmem Orangenlikör auflösen und in die Mascarino-Creme einrühren. Schlagobers steif schlagen und mit klein geschnittenen Mandarinenstückchen unterheben.
Die Creme ca. 30 Minuten kühl stellen.

Die ausgekühlte Torte zuerst mit Marillenmarmelade, dann mit Creme bestreichen und mit Kakaopulver bestreuen.

ZUCKER

Heidelbeer-Mandel-Torte

Zubereitung:

60 Minuten
Backzeit:
45 Minuten bei 175 °C

Zutaten für den Teig:

5 Eier
200 g Wiener Backzucker
1 Prise Salz
1 Pkg. Vanillezucker
2 TL abgeriebene Schale einer unbehandelten Zitrone
125 ml Öl
150 g Mehl
½ Pkg. Backpulver
200 g geriebene Mandeln
125 ml Orangensaft

Zutaten für die Creme:

250 g Heidelbeeren
100 g Wiener Staubzucker
2 Becher Crème fraîche
4 EL Zitronensaft
5 Blatt Gelatine
¼ l Schlagobers

Heidelbeeren zum Verzieren

Eier trennen und die Eiklar mit 100 g Backzucker zu cremigem Schnee schlagen. Eidotter, restlichen Backzucker, Salz, Vanillezucker und Zitronenschale dickcremig schlagen und das Öl langsam dazuleeren.

Mehl und Backpulver mischen und mit Mandeln und Orangensaft untermengen. Zuletzt den Eischnee behutsam unter die Masse heben.

Die Masse in eine befettete, bemehlte Tortenform füllen, bei 175 °C ca. 45 Minuten backen und auskühlen lassen.

Für die Creme Heidelbeeren und Staubzucker leicht erwärmen und fein pürieren. Crème fraîche dazugeben und glatt rühren. Zitronensaft erwärmen, die in Wasser eingeweichte und ausgedrückte Gelatine darin auflösen und mit dem Heidelbeerpüree verrühren. Schlagobers schlagen und darunterziehen.

Die Torte zwei Mal durchschneiden, die Tortenböden mit 2/3 der fast fest gewordenen Creme bestreichen und zusammensetzen. Torte mit restlicher Creme bestreichen, mit Heidelbeeren garnieren und kühl stellen.

Blumentorte mit Erdbeercreme

Zubereitung:

60 Minuten
Backzeit:
50 Minuten bei 170 °C

Zutaten für den Teig:

6 Eier
160 g Wiener Backzucker
1 Pkg. Vanillezucker
60 g Mehl
1 gestr. TL Backpulver
120 g geriebene Mandeln
2 TL Kakaopulver
80 g Zartbitterschokolade

Zutaten für die Erdbeercreme:

200 g Erdbeeren
120 g Wiener Staubzucker
1 EL Zitronensaft
1 ½ Pkg. Gelatinepulver
½ l Schlagobers

Zutaten zum Verzieren:

Erdbeermarmelade
Zucker- oder Marzipanblüten

Eier trennen und die Eiklar mit 2 EL Backzucker zu steifem Schnee schlagen. Die Eidotter mit dem restlichen Backzucker und Vanillezucker zu einer hellschaumigen Masse schlagen.

Mehl, Backpulver, Mandeln, Kakaopulver und geriebene Schokolade vermischen. Die Hälfte des Eischnees mit der Mehlmischung in die Masse rühren. Den restlichen Eischnee unterheben.

Den Teig in eine befettete, bemehlte Blumentortenform füllen und im vorgeheizten Backrohr bei 170 °C ca. 50 Minuten backen.

Für die Creme die Erdbeeren pürieren und mit Staubzucker, Zitronensaft und Gelatinepulver verrühren. Schlagobers schlagen und unter das Erdbeermus rühren. Die Creme ca. 20 Minuten in den Kühlschrank stellen.

Die ausgekühlte Torte zwei Mal durchschneiden, mit Erdbeermarmelade und Creme füllen, mit restlicher Creme bestreichen und mit Zucker- oder Marzipanblüten verzieren.

Weintraubentorte mit Weincreme

Zubereitung:

70 Minuten
Backzeit:
40 Minuten bei 180 °C

Zutaten für den Teig:

4 Eier
120 g Wiener Backzucker
1 Pkg. Vanillezucker
1 Prise Salz
1 TL abgeriebene Schale einer unbehandelten Zitrone
80 g Mehl
60 g Stärkemehl

Wiener Zucker Bio Rübenzucker zum Bestreuen

Zutaten für die Creme:

1/8 l Weißwein
100 g Wiener Staubzucker
1 Pkg. Vanillezucker
4 Eidotter
1 TL abgeriebene Schale einer unbehandelten Zitrone
4 EL Zitronensaft
5 Blatt Gelatine
3/8 l Schlagobers

Eier trennen. Die Eiklar mit 2 EL Backzucker zu Schnee schlagen. Die Eidotter, restlichen Backzucker, Vanillezucker, Salz und Zitronenschale cremig rühren. Mehl und Stärkemehl mischen und mit dem restlichen Eischnee darunter heben.

Die Masse in einer befetteten, bemehlten Tortenform bei 180 °C ca. 40 Minuten backen. Auf ein Kuchengitter stürzen, mit Bio Rübenzucker bestreuen und zugedeckt auskühlen lassen.

Für die Creme Weißwein, Staubzucker, Vanillezucker, die Eidotter, Zitronenschale und Zitronensaft verrühren und über Wasserdampf cremig aufschlagen. In Wasser eingeweichte und ausgedrückte Gelatine einrühren.

Die Masse kalt rühren. Schlagobers schlagen, ein Drittel mit der Creme verrühren und den Rest darunterziehen.

Den Tortenboden ein Mal durchschneiden und einen Teil in einen Tortenring legen.
Die Weincreme darauf streichen und mit dem zweiten Teil abdecken. Sechs Stunden kühl stellen.

Zutaten für den Belag:

600 g kleine, kernlose Weintrauben
1 Pkg. Tortengelee
2 EL Marillenmarmelade

Zutaten zum Verzieren:

1/8 l Schlagobers
Mandelblättchen

Die vorbereiteten Weinbeeren auf die mit Marillenmarmelade bestrichene Oberfläche legen. Tortengelee laut Packungsanleitung nach Belieben mit Zitronensaft und Staubzucker zubereiten. Das Gelee auf die Weinbeeren streichen und stocken lassen.

Den Tortenring entfernen, den Tortenrand mit geschlagenem Schlagobers bestreichen und mit Mandelblättchen bestreuen.

Produkt-Tipp:

Wiener Zucker Bio Rübenzucker kann wie Kristallzucker verwendet werden, eignet sich daher hervorragend zum Süßen von Speisen und Getränken und ist in der Küche vielseitig einsetzbar.

Himmel und Hölle-Torte

Zubereitung:

50 Minuten
Backzeit:
25 Minuten bei 170 °C

Zutaten für den Teig:

4 Eier
180 g Wiener Backzucker
100 g Butter
125 g Wiener Staubzucker
1 Pkg. Vanillezucker
2 EL Rum
150 g Mehl
½ Pkg. Backpulver

Mandelblättchen
zum Bestreuen

Zutaten für die Füllung:

1 Pkg. Vanillepuddingpulver
6 EL roter Fruchtsaft
(zB. Erdbeersaft oder
Himbeersaft – kein Sirup!)
3/8 l roter Fruchtsaft
2 EL Wiener Feinkristallzucker
4 Blatt Gelatine
500 g TK-Beerenmischung

½ l Schlagobers
1 Pkg. Sahnesteif
1 Pkg. Vanillezucker

Eier trennen. Die Eiklar mit Backzucker zu steifem Schnee schlagen. Zimmerwarme Butter mit Staubzucker und Vanillezucker schaumig rühren. Nach und nach die Eidotter und Rum einrühren. Mehl mit Backpulver vermischen und in die Masse rühren.

Die Masse auf zwei befettete Tortenformen aufteilen und glatt streichen. Eischnee auf eine der beiden Massen verteilen, dabei 1cm Rand freilassen. Eischnee mit Mandelblättchen bestreuen.

Beide Böden im vorgeheizten Backrohr bei 170 °C ca. 25 Minuten goldgelb backen und auskühlen lassen.

Für die Füllung das Vanillepuddingpulver in 6 EL Fruchtsaft anrühren, restlichen Fruchtsaft mit Feinkristallzucker aufkochen, die Puddingpulvermischung einrühren und zu dicklicher Konsistenz kochen. In reichlich kaltem Wasser eingeweichte Gelatine gut ausdrücken und in der heißen Masse auflösen. Die Beerenmischung sofort einrühren und noch warm auf einen Tortenboden streichen.

Das Schlagobers mit Sahnesteif und Vanillezucker steif schlagen. Die Hälfte davon auf den erkalteten Beerenbelag streichen und den zweiten Teigboden darauf setzen. Mit dem restlichen Schlagobers den Rand bestreichen.

Faschingstorte

Zubereitung:

80 Minuten
Backzeit:
35 Minuten bei 180 °C

Zutaten für den Teig:

6 Eier
180 g Wiener Backzucker
2 Pkg. Vanillezucker
1 Prise Salz
2 TL abgeriebene Schale einer unbehandelten Orange
120 g Mehl
60 g Butter

Zutaten für die Creme:

3/8 l Schlagobers
400 g Kochschokolade
80 g Butter
2 gestr. EL Wiener Zucker Brauner Rohrzucker kristallin
2 Pkg. Vanillezucker
2 EL Rum
1/8 l Schlagobers

5 EL frisch gepresster Orangensaft zum Beträufeln
100 g Marillenmarmelade

bunte Schokoladelinsen zum Verzieren

Eier trennen und die Eiklar mit 2 EL Backzucker zu steifem Schnee schlagen. Eidotter mit restlichem Backzucker, Vanillezucker, Salz und Orangenschale schaumig rühren. Eischnee abwechselnd mit Mehl in die Masse heben. Die geschmolzene abgekühlte Butter darunterziehen.

Die Masse in eine befettete, bemehlte Tortenform füllen, glatt streichen und bei 180 °C ca. 35 Minuten backen.

Torte in der Form auskühlen lassen und den Tortenboden zwei Mal durchschneiden. Zwei der drei Böden sollten dünn sein.

Für die Creme 3/8 l Schlagobers aufkochen. Die zerkleinerte Kochschokolade darin schmelzen, kühl stellen, dann aufschlagen. Zimmerwarme Butter, Rohrzucker, Vanillezucker und Rum verrühren und in die Schokolademasse rühren. 1/8 l Schlagobers schlagen und ebenfalls darunter heben.

Einen dünnen Tortenboden in den Tortenring legen, mit Orangensaft beträufeln und mit Marmelade und 1/3 der Creme bestreichen. Den dickeren Tortenboden ebenfalls mit Orangensaft beträufeln, mit Marmelade bestreichen und in verschieden große Stücke schneiden. Diese kreuz und quer auf den mit Creme bestrichenen dünnen Tortenboden legen und mit 1/3 der Creme bestreichen. Den dritten Tortenboden darauf legen und leicht andrücken.

Die Torte mit der restlichen Creme bestreichen und mit kleinen bunten Schokoladelinsen dekorieren.

Mindestens sechs Stunden kalt stellen.

Bananen-Walnuss-Torte

Zubereitung:

70 Minuten
Backzeit:
40 Minuten bei 170 °C

Zutaten für den Teig:

7 Eier
100 g Wiener Backzucker
100 g Wiener Staubzucker
1 Pkg. Vanillezucker
120 g geriebene Walnüsse
30 g Kakaopulver
30 g Stärkemehl

Zutaten für die Creme:

250 g Magertopfen
3 EL Staubzucker
1 Pkg. Vanillezucker
20 g Kokosette
500 g Bananen, ohne Schale gewogen
4 EL frisch gepresster Orangensaft
2 EL Zitronensaft
1 Pkg. Gelatinepulver
1/8 l Schlagobers

Zutaten zum Verzieren:

Ribiselmarmelade
2–3 Bananen
3/8 l Schlagobers
1 Pkg. Sahnesteif
Schokoladeflocken

Eier trennen. Die Eiklar mit Backzucker zu steifem Schnee schlagen. Staubzucker und Vanillezucker nach und nach hineinschlagen. Eidotter einzeln darunterziehen. Walnüsse mit Kakaopulver und Stärkemehl vermischen und unterheben.

Den Teig in eine befettete, bemehlte oder mit Backpapier ausgekleidete Tortenform füllen und im vorgeheizten Backrohr bei 170 °C ca. 40 Minuten backen. Bei leicht geöffneter Backrohrtür ca. 15 Minuten abkühlen lassen. Auf ein Kuchengitter stürzen und vollständig auskühlen lassen.

Für die Creme Topfen mit Staubzucker, Vanillezucker und Kokosette verrühren. Bananen mit Orangen- und Zitronensaft pürieren. Das Bananenmus mit dem Gelatinepulver verrühren und mit dem geschlagenen Schlagobers in die Topfenmasse rühren. Im Kühlschrank fest werden lassen.

Den Tortenboden in die mit Backpapier ausgekleidete Tortenform legen, mit Ribiselmarmelade bestreichen und mit 1 cm dick geschnittenen Bananenscheiben eng belegen. Die Creme daraufgeben, glatt streichen und 60 Minuten in den Kühlschrank stellen.

Torte aus der Form nehmen und den Rand mit Ribiselmarmelade bestreichen. Schlagobers mit Sahnesteif aufschlagen und die Torte damit bestreichen. Zum Schluss mit Schokoladeflocken bestreuen.

Tipp:
Mit kandierten Kirschen oder frischen Beeren Farbakzente setzen.

Powidl-Schlagobers-Torte

Zubereitung:

70 Minuten
Backzeit pro Teigboden:
15 Minuten bei 175 °C

Zutaten für den Teig:

250 g Mehl
1 Msp. Backpulver
1 EL Wiener Staubzucker
1 Pkg. Vanillezucker
1 Eidotter
100 g Crème fraîche
175 g Butter

Zutaten für den Streusel:

150 g Mehl
75 g Wiener Staubzucker
1 Pkg. Vanillezucker
½ TL gemahlener Zimt
100 g Butter

Zutaten für die Füllung:

½ l Schlagobers
2 Pkg. Vanillezucker
400 g Powidl
½ TL gemahlener Zimt
4 Blatt Gelatine
3 EL Rum

Wiener Zucker Drüberstreuer Zucker-Zimt

Die Zutaten für den Teig rasch verkneten und kurz an einem kühlen Ort rasten lassen.

Für den Streusel Mehl, Staubzucker, Vanillezucker, Zimt und die zimmerwarme Butter zu Streusel mixen.

Den Teig in vier Portionen teilen, jede auf ca. 26 cm Ø ausrollen und auf Backpapier legen. Streusel auf den vier Teigböden verteilen und im vorgeheizten Backrohr bei 175 °C ca. 15 Minuten goldgelb backen. Sofort vom Backblech ziehen und erkalten lassen.

Für die Füllung Schlagobers mit Vanillezucker fest schlagen. Powidl mit Zimt verrühren. In reichlich kaltem Wasser eingeweichte, gut ausgedrückte Gelatine im erwärmten Rum auflösen und mit dem Powidl verrühren. Schlagobers unterheben. Die Tortenböden mit Powidlmasse bestreichen und zusammensetzen.
Den obersten Tortenboden mit Drüberstreuer Zucker-Zimt bestreuen.

Die Torte kühl ruhen lassen, damit sie durchfeuchtet wird. Vorsichtig in Stücke schneiden.

Muttertagsherz mit Eierlikörcreme

Zubereitung:

60 Minuten
Backzeit:
50 Minuten bei 170 °C

Zutaten für den Teig:

70 g Butter
100 g Kochschokolade
5 Eier
200 g Wiener Backzucker
1 Pkg. Vanillezucker
1 Prise Salz
200 g Mehl
½ TL Backpulver

Zutaten für die Creme:

6 Blatt Gelatine
1/4 l Eierlikör
5/8 l Schlagobers
100 g Wiener Braunzucker
2 Pkg. Vanillezucker

Zutaten zum Verzieren:

1/8 l Schlagobers
Schokoladeherzen oder rosa Marzipanherzen
Minzeblätter

Butter und Kochschokolade getrennt schmelzen und abkühlen lassen. Eier trennen. Die Eiklar mit 2/3 des Backzuckers steif schlagen. Die Eidotter mit dem restlichen Backzucker, Vanillezucker und Salz sehr schaumig rühren. Eischnee darunter heben, Mehl mit Backpulver vermischen und mit Butter und Schokolade vorsichtig darunterziehen.

Die Masse in eine befettete, bemehlte Herztortenform füllen, im vorgeheizten Backrohr bei 170 °C ca. 50 Minuten backen und auskühlen lassen.

Für die Creme Gelatine in kaltem Wasser einweichen. Eierlikör erwärmen, die ausgedrückte Gelatine darin auflösen und auskühlen lassen. Schlagobers mit Braunzucker und Vanillezucker steif schlagen. Sobald die Eierlikörmasse zu gelieren beginnt, einige Esslöffel Schlagobers hineinrühren und anschließend das restliche Schlagobers darunterziehen.

Die Torte zwei Mal durchschneiden und mit Creme füllen. Sechs Stunden kalt stellen.

Zuletzt mit geschlagenem Schlagobers bestreichen und mit Dekorherzen und frischen Minzeblättern verzieren.

Tipp:
Mit Hilfe einer Schablone kann aus einer runden Torte eine Herzform geschnitten werden.
Wenn Kinder mitessen, eine alkoholfreie Creme verwenden!

Muttertagsherz mit Eierlikörcreme

Mozarttorte mit Pistaziencreme

Zubereitung:

70 Minuten
Backzeit:
35 Minuten bei 160 °C

Zutaten für den Teig:

200 g Nuss-Nougat-Rohmasse
5 Eier
50 g Wiener Backzucker
1 Prise Salz
70 g Wiener Staubzucker
140 g Mehl
1 TL Backpulver

Zutaten für die Pistaziencreme:

4 Blatt Gelatine
1/8 l Milch
60 g gehackte Pistazien
3/8 l Milch
1 Pkg. Vanillepuddingpulver
70 g Wiener Staubzucker
2 EL Rum
4 Tropfen Bittermandelaroma
130 g Marzipanrohmasse
1/8 l Schlagobers

Himbeermarmelade

Nuss-Nougat-Rohmasse über Wasserdampf erweichen und abkühlen lassen.

Eier trennen. Die Eiklar mit Backzucker und Salz zu steifem Schnee schlagen. Die Eidotter mit Staubzucker zu cremiger Konsistenz rühren und die erweichte Nougatmasse nach und nach einrühren. Mehl und Backpulver vermischen und abwechselnd mit dem Eischnee darunter heben.

Den Teig in eine befettete, bemehlte Tortenform füllen und im vorgeheizten Backrohr bei 160 °C ca. 35 Minuten backen. Torte in der Form auskühlen lassen.

Für die Pistaziencreme Gelatine in kaltem Wasser einweichen. 1/16 l Milch mit den Pistazien pürieren. Restliche Milch dazugießen und so lange pürieren, bis das Püree grün und homogen ist.

Von 3/8 l Milch 8 EL mit Vanillepuddingpulver, Staubzucker, Rum und Bittermandelaroma glatt rühren. Die restliche Milch mit dem Pistazienpüree verrühren und die klein geschnittene Marzipanrohmasse dazugeben. Bei geringer Hitze unter ständigem Rühren auflösen und ein Mal aufkochen. Das angerührte Puddingpulver darunter rühren und eindicken lassen.

Zutaten für die Schokoladecreme:

¼ l Schlagobers
220 g Zartbitterschokolade

Zutaten zum Verzieren:

halbierte Mozartkugeln
gehackte Pistazien

Den Pistazienpudding in eine Schüssel füllen. Die ausgedrückte Gelatine in die noch warme Puddingmasse rühren und abkühlen lassen, dabei gelegentlich umrühren. Schlagobers steif schlagen und unter die noch nicht feste Creme rühren.

Den Tortenboden einmal durchschneiden und beide Innenseiten mit Marmelade bestreichen. Mit Pistaziencreme füllen und für 2–3 Stunden kalt stellen.

Für die Schokoladecreme das Schlagobers aufkochen, die zerkleinerte Schokolade unter ständigem Rühren darin schmelzen und ebenfalls 2–3 Stunden kalt stellen.

Die Schokoladecreme cremig aufschlagen, die Torte damit bestreichen, mit halbierten Mozartkugeln verzieren und mit Pistazien bestreuen.

Produkt-Tipp:

Wiener Backzucker ist durch seine Körnung speziell für alle Arten feiner Mehlspeisspezialitäten zu verwenden. Er ist besonders leicht vermischbar und leicht löslich.

Preiselbeer-Mohn-Torte

Zubereitung:

50 Minuten
Backzeit:
50 Minuten bei 180 °C

Zutaten für den Teig:

6 Eier
70 g Wiener Backzucker
1 Prise Salz
120 g Wiener Braunzucker
1 Pkg. Vanillezucker
150 g geriebene Haselnüsse
120 g gemahlener Mohn
1 TL abgeriebene Schale einer unbehandelten Zitrone
1 TL gemahlener Zimt
1 gestr. TL Backpulver

Zutaten für die Füllung:

½ l Schlagobers
3 Pkg. Vanillezucker

250 g Preiselbeermarmelade

Eier trennen und die Eiklar mit Backzucker zu steifem Schnee schlagen. Die Eidotter mit Salz, Braunzucker und Vanillezucker dickcremig schlagen. Haselnüsse, Mohn, Zitronenschale, Zimt und Backpulver vermischen und mit dem Eischnee in die Masse rühren.

Den Teig in eine befettete, bemehlte Tortenform füllen und im vorgeheizten Backrohr bei 180 °C ca. 50 Minuten backen. Den ausgekühlten Tortenboden ein Mal durchschneiden und die Schnittflächen mit etwas Zimt bestreuen.

Das mit Vanillezucker geschlagene Schlagobers in einen Dressiersack mit gezackter, großer Spritztülle füllen und kreisförmig mit 1 ½ cm Abstand auf den Tortenboden spritzen. Die Zwischenräume mit Marmelade füllen. Den zweiten Tortenboden darauf geben und leicht andrücken.

Die Torte mit Schlagobers bestreichen. Am Tortenrand kleine Rosetten und auf die Oberfläche in regelmäßigen Abständen Streifen aus Schlagobers spritzen. Die Zwischenräume ebenfalls mit Marmelade füllen. Die Torte für zwei Stunden kalt stellen.

Produkt-Tipp:
Wiener Braunzucker ist karamellisierter Kristallzucker, veredelt mit Rohrzuckersirup. Er hebt die Würzkraft aller verwendeten Zutaten und kann daher immer dann verwendet werden, wenn eine spezielle Geschmacksnote gewünscht ist.

Gewickelte Schokoladetorte

Zubereitung:

70 Minuten
Backzeit:
12 Minuten bei 180 °C

Zutaten für den Biskuitteig:

4 Eier
180 g Wiener Staubzucker
180 g Mehl
1 gestr. TL Backpulver
70 g Butter
Himbeermarmelade

Zutaten für die Creme:

¼ l Milch
200 g Butter
2 EL Wiener Staubzucker
400 g Kochschokolade

Die Eier mit Staubzucker ca. 10 Minuten schaumig rühren. Mehl mit Backpulver vermengen, abwechselnd mit 3 EL warmem Wasser unterrühren und die zerlassene Butter unterziehen.

Den Teig auf ein mit Backpapier ausgelegtes Backblech streichen und 12 Minuten bei 180 °C backen. Das Biskuit vom Blech ziehen, und ausgekühlt mit Marmelade bestreichen.

Für die Creme Milch mit Butter und Staubzucker aufkochen. Die grob geschnittene Schokolade dazugeben, unter Rühren schmelzen und erneut aufkochen.

Die Creme für 2–3 Stunden kühl stellen. Danach ca. 2 Minuten aufschlagen. Das Biskuit mit zwei Drittel der Creme bestreichen und der Länge nach in 5 gleich breite Streifen schneiden. Einen Streifen als Mittelstück eng einrollen. Die restlichen Streifen nacheinander um diesen wickeln, sodass eine Torte entsteht.

Den Rand und die Oberfläche mit der restlichen Creme bestreichen. Die Torte über Nacht im Kühlschrank ziehen lassen.

Adventtorte

Zubereitung:

60 Minuten
Backzeit:
50 Minuten bei 160 °C

Zutaten für den Teig:

6 Eier
100 g Wiener Backzucker
30 g Wiener Staubzucker
1 Pkg. Vanillezucker
80 g Kochschokolade
60 g Mehl
100 g geriebene Mandeln

Zutaten für die Creme:

¼ l Schlagobers
100 g Butter
100 g Wiener Feinkristallzucker
300 g Kochschokolade
3 EL Rum
Marillenmarmelade

Zutaten zum Verzieren:

800 g Mandarinenspalten aus der Dose
Marzipansterne

Eier trennen. Die Eiklar mit Backzucker steif schlagen. Eidotter mit Staubzucker und Vanillezucker cremig schlagen und die erweichte, lauwarme Schokolade einrühren. Mehl mit Mandeln vermischen und mit dem Eischnee darunter heben.

Die Masse in eine befettete, bemehlte Tortenform füllen und im vorgeheizten Backrohr bei 160 °C ca. 50 Minuten backen. Die Torte vom Rand lösen, auf Backpapier stürzen und auskühlen lassen.

Für die Creme Schlagobers, Butter und Feinkristallzucker aufkochen. Vom Herd nehmen, die zerkleinerte Schokolade darin auflösen, gut verrühren und für mindestens 3 Stunden in den Kühlschrank stellen. Unter Zugabe von Rum mit dem Handmixer ca. 1 Minute schaumig schlagen.

Die ausgekühlte Torte zwei Mal durchschneiden. Den unteren Tortenboden mit Marillenmarmelade und Creme bestreichen und mit abgetropften Mandarinenspalten belegen. Den zweiten Tortenboden daraufgeben, mit Marmelade und Creme bestreichen und mit dem dritten Boden bedecken. Oberfläche und Rand mit Creme bestreichen. Fünf Stunden kalt stellen. Zuletzt mit den Marzipansternen und Mandarinenspalten belegen.

Tipp:
Zur besseren Verarbeitung Torte und Creme bereits am Vortag zubereiten.

ZUCKER

Orientalische Weihnachtstorte

Zubereitung:

40 Minuten
Backzeit:
50 Minuten bei 160 °C

Zutaten für den Teig:

9 Eier
270 g Wiener Backzucker
100 g Mehl
1 gestr. TL Backpulver
100 g fein gehackte Mandeln
je 100 g klein geschnittene Aranzini und Feigen

Zutaten für die Glasur:

250 g Wiener Staubzucker
2 EL Blutorangensaft

Orangenmarmelade
kandierte Kirschen
kandierte Orangenscheiben

Eier und Backzucker schaumig rühren, bis die Masse das dreifache Volumen erreicht hat und ganz hell ist. Das mit Backpulver versiebte Mehl und zuletzt Mandeln, Aranzini und Feigen darunter ziehen.

Die Masse in eine befettete, bemehlte Tortenform füllen und glatt streichen.

Im vorgeheizten Backrohr bei 160 °C ca. 50 Minuten backen.

Die ausgekühlte Torte einmal durchschneiden, mit Orangenmarmelade füllen und wieder zusammensetzen.

Für die Glasur Staubzucker mit 2 EL warmem Wasser so lange rühren, bis eine homogene Masse entsteht. Blutorangensaft kräftig hineinrühren. Die Glasur ist fertig, wenn ein Kochlöffel nach dem Hineintauchen gleichmäßig 1 mm dick damit überzogen ist.

Die Torte mit erhitzter Orangenmarmelade bestreichen und antrocknen lassen. Mit Orangenglasur übergießen und mit kandierten Kirschen und Orangenscheiben belegen.

Tipp:
Mit kandiertem Früchte-Mix bestreuen, bevor die Glasur fest wird.

Jetzt wird's *himmlisch!*

Exklusiv für Sie: „Welt der Frau" hat noch mehr himmlische Rezepte von Renate Rothbauer für Sie zusammengestellt.

Backen nach Lust und Laune, Backen für jeden Anlass ...

... denn Backen ist ein pures Vergnügen!
Sichern Sie sich noch heute Ihr Exemplar!

Lust auf mehr „Welt der Frau"?

Zum Genuss von selbst gebackenen himmlischen Köstlichkeiten gibt es auch den qualitätsvollen Lesegenuss! „Welt der Frau", das österreichische Frauenmagazin, möchte Sie mit Beiträgen zum Frausein, zu Familie, Gesundheit, Umwelt, gesellschaftlichen Entwicklungen und Kultur informieren und unterhalten.

Gleich anrufen:

0732 77 00 01-14, faxen: 0732 77 00 01-24
bestellen per E-Mail: aboservice@welt-der-frau.at
oder auf www.welt-der-frau.at